智能交互设计与数字媒体类专业丛书

设计思维基础

由振伟 孙 炜 刘 键 编著

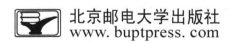
北京邮电大学出版社
www.buptpress.com

内 容 简 介

　　本书教授的是一套完整设计创新的工具和方法论,将设计创新流程化,方便与设计相关专业的学生学习。本书介绍了设计的概念、设计师的角色、如何开始设计以及实际操作的基本流程。本书详细讲解了发散设计思维的方法、设计思维的实践框架、通用的设计流程。在上述一般性操作方法的基础上,讲解了如何进行突破性设计思考、如何通过协同设计提升设计效率以及如何将反思贯穿整个设计流程来洞察最好的设计方案。本书以灯具设计课题为例详细介绍了设计思维实践的全过程。本书还提供了七个设计思维课堂实践训练课题,方便在教学和自学练习中参考使用。

图书在版编目（CIP）数据

设计思维基础 / 由振伟,孙炜,刘键编著. -- 北京：北京邮电大学出版社,2023.8
ISBN 978-7-5635-6990-8

Ⅰ.①设… Ⅱ.①由… ②孙… ③刘… Ⅲ.①产品开发 Ⅳ.①F273.2

中国国家版本馆 CIP 数据核字(2023)第 146465 号

策划编辑：姚　顺　刘纳新　　责任编辑：满志文　　责任校对：张会良　　封面设计：七星博纳

出版发行：北京邮电大学出版社
社　　址：北京市海淀区西土城路 10 号
邮政编码：100876
发 行 部：电话：010-62282185　传真：010-62283578
E-mail：publish@bupt.edu.cn
经　　销：各地新华书店
印　　刷：北京虎彩文化传播有限公司
开　　本：720 mm×1 000 mm　1/16
印　　张：11
字　　数：217 千字
版　　次：2023 年 8 月第 1 版
印　　次：2023 年 8 月第 1 次印刷

ISBN 978-7-5635-6990-8　　　　　　　　　　　　　　　定　价：39.00 元

· 如有印装质量问题,请与北京邮电大学出版社发行部联系 ·

前　言

　　人类会自然地用自己的经验和已掌握的知识对事物进行分析和做出判断，形成一组信息、事物、行为、思想的组织关系。这个认知模型是人的基本思维模式。当遇到外界的环境刺激与已掌握信息匹配时，就会激发人们大脑中对事物关系的判断。这种思维模式有明显的优点，它可以帮助人们对熟悉或者相似的情况做出快速判断，用经验解决面前的问题。但同时，这种自主激发的思维模式会影响人们做出更全面的判断，引导人们探索创新性的解决方案。

　　设计的核心是创新。创新是一件很有挑战的事，尤其对刚开始接触设计的人来说，如何做设计尚不清楚，更不要说创新。设计思维基础是设计专业的核心基础课，是学生接触设计、从事设计工作的开端，对学生形成基本的设计思维能力、掌握设计的基本流程起到极为重要的作用。是否具备设计思维可以作为判断设计是否已经入门的标准。设计思维提供的是一种创造性解决问题的方法，是一种工作和思考的方式，帮助人们懂得如何进行设计创新实践，使人们具有综合处理问题的能力，能够准确理解问题产生的背景，同时能够催生洞察力及解决方法，并最终能够理性地分析和找出最恰当的解决方案。设计思维有利于培养对用户的理解，有助于帮助人们观察并培养对用户的同理心，还帮助人们进行提问、质疑问题、质疑假设，通过以人为中心的方式重新构建问题，提出更多的创新想法，以及在原型设计和测试中使用各种实操性质的技能。设计思维对于解决一些定义不明的问题相当好用。设计思维的研究不像单一的学科那样对问题的大多数已知性质、特征进行测试，从而找到问题的解决方案。它适合对无法界定的模糊元素的研究，发现一些未知的问题，并为之制定对应策略或备选方案。

　　针对设计思维方法的理论研究和应用实践案例有很多。包括斯坦福设计学

设计思维 基础

院、斯坦福大学、哈佛大学和麻省理工学院等世界顶尖大学都在教授设计思维。像苹果、谷歌、三星和通用电气等这样的大型国际企业早就把设计思维方法运用到了企业实践当中。本书的编写目的不是为了提出与众不同的设计思维方法，而是力求把所有与设计思维培养相关的知识和方法进行系统性的梳理，构成一个完整的知识体系，方便学生进行设计思维的学习和训练。

本书共有9个章节。介绍了设计的概念、设计师的角色、如何开始设计以及实际的基本流程。详细讲解了发散设计思维的方法、设计思维的实践框架、通用的设计流程。在上述一般性操作方法的基础上，讲解了如何进行突破性设计思考、如何通过协同设计提升设计效率以及如何将反思贯穿整个设计流程来洞察最好的设计方案。本书以灯具设计课题为例沉浸式地介绍了设计思维实践的全过程。此外，还提供了7个设计思维课堂实践训练课题，方便教学参考及学生自学练习使用。

设计思维不是只有设计师才会用到。无论是文学、音乐等艺术，还是科学、工程和商业，各个领域的创新者都在使用它。设计思维的独特魅力在于，人们可以使用设计思维系统所提供的各种以人为本的知识、技术和方法，创造性地解决设计问题、商业问题、日常生活问题，甚至社会问题和国家的发展问题。提姆·布朗认为，设计思维适用于企业的各个层级，不仅适用于设计师，还适用于有创意的员工、自由职业者和领导者。

本书教授的是一套完整设计创新的工具和方法论，将设计创新流程化，带领学生体验设计思维的主要步骤、方法，适用于所有想要创造性解决问题的人。希望通过对本书的学习能够提升读者的创新自信力和解决问题的能力，启发读者的创造性思维，以达到熟悉创新方法和创新流程、改变思维模式的目的。

作 者

目 录

第1章 绪论 ·· 1
1.1 设计的概念 ·· 1
1.1.1 设计的定义 ·· 1
1.1.2 面向产品和服务的设计 ·· 3
1.1.3 业余设计师的杰作 ·· 4
1.2 设计师角色 ·· 6
1.2.1 设计师的能力结构 ·· 6
1.2.2 设计思维的重要性 ··· 10
1.2.3 未来设计师的角色 ··· 11
1.3 从定义问题开始设计 ··· 12
1.3.1 设计问题的来源 ·· 13
1.3.2 设计问题的基本特征 ·· 14
1.3.3 设计问题的解决 ·· 16
1.4 设计的流程 ·· 19
1.4.1 设计思维流程及其非线性特征 ····································· 19
1.4.2 设计流程的多样性 ··· 22

第2章 设计思维与创造力 ··· 24
2.1 思维的概念 ·· 24
2.1.1 思维的定义 ·· 24
2.1.2 思维的种类 ·· 25
2.1.3 基本思维模式 ··· 27
2.1.4 思维的特征 ·· 28
2.2 创造力的概念 ··· 29

         2.2.1　创造力的定义 ·· 29
         2.2.2　创造力的类型 ·· 30
   2.3　创造力思维模型 ·· 34
         2.3.1　思维模型是什么 ··· 34
         2.3.2　发散与聚合 ·· 35
         2.3.3　5W2H 法 ·· 37
         2.3.4　Five Whys 法 ·· 38
         2.3.5　创造力五阶段模型 ·· 39
         2.3.6　创造力的准备模型 ·· 40
         2.3.7　双钻模型 ·· 41
   2.4　创造性设计思维 ·· 43
         2.4.1　设计问题的集成性 ·· 43
         2.4.2　六顶思考帽 ·· 44

第 3 章　设计思维实践框架 ··· 46

   3.1　设计的指导原则 ·· 46
         3.1.1　设计理论 ·· 46
         3.1.2　以用户为中心 ·· 47
   3.2　设计策略 ·· 50
         3.2.1　AEIOU 分析策略 ·· 50
         3.2.2　启发式策略 ·· 52
         3.2.3　全面检查策略 ·· 52
         3.2.4　思维的局限性 ·· 54

第 4 章　通用设计流程 ·· 56

   4.1　斯坦福设计五步法 ··· 56
   4.2　第一阶段：共情 ·· 56
         4.2.1　从用户的角度看世界 ··· 57
         4.2.2　注重人的需求 ·· 57
         4.2.3　建立同理心 ·· 58
         4.2.4　提出设计假设 ·· 59
   4.3　第二阶段：定义 ·· 59
         4.3.1　如何定义问题 ·· 60
         4.3.2　确定问题与需求 ··· 61

4.3.3 设计观点 POV …………………………………………… 61
 4.3.4 转化:HMW 工具 ………………………………………… 62
 4.3.5 设计过程中的重力问题 …………………………………… 63
4.4 第三阶段:构思 …………………………………………………… 64
 4.4.1 头脑风暴 …………………………………………………… 64
 4.4.2 限制法与心智图 …………………………………………… 66
 4.4.3 收敛 ………………………………………………………… 66
 4.4.4 抉择矩阵 …………………………………………………… 67
4.5 第四阶段:原型 …………………………………………………… 68
 4.5.1 原型的概念 ………………………………………………… 68
 4.5.2 原型的制作 ………………………………………………… 70
 4.5.3 故事板 ……………………………………………………… 72
 4.5.4 服务型方案的原型设计 …………………………………… 73
4.6 第五阶段:测试 …………………………………………………… 74
 4.6.1 测试的概念 ………………………………………………… 74
 4.6.2 一般测试流程 ……………………………………………… 75
 4.6.3 反馈捕捉网格 ……………………………………………… 75

第 5 章 突破性设计思维 ……………………………………………… 77
5.1 设计思维与产品 …………………………………………………… 77
 5.1.1 产品的原动力 ……………………………………………… 77
 5.1.2 移向右上角:造型与技术的整合 ………………………… 81
 5.1.3 右上角:用户价值与产品机会 …………………………… 88
 5.1.4 突破创造性产品和服务 …………………………………… 92
5.2 创造最好产品的方法 ……………………………………………… 94
 5.2.1 以用户为中心的 INPD ……………………………………… 94
 5.2.2 群体共同合作与管理 ……………………………………… 96
5.3 商业设计模式中的突破性设计思维 ……………………………… 98
 5.3.1 从极端用户中发现隐性需求 ……………………………… 98
 5.3.2 将体验设计放入设计调研 ………………………………… 99
 5.3.3 用未来产品检验目前的设计 ……………………………… 102
5.4 追求设计中的以人为本 …………………………………………… 104
5.5 思绪清零,重新思考 ……………………………………………… 105
5.6 在情境中催生设计 ………………………………………………… 106

第 6 章 协同设计 ········· 108

6.1 群体的定义 ········· 108
6.1.1 群体的特征 ········· 109
6.1.2 群体角色 ········· 110
6.2 信息的交流与传递 ········· 111
6.2.1 理解设计问题 ········· 111
6.2.2 设计交流:绘图 ········· 113
6.2.3 计算机辅助设计 ········· 114
6.3 观察协同设计 ········· 115
6.3.1 为什么会存在三种视角? ········· 115
6.3.2 这三种视角具体是什么? ········· 116

第 7 章 从反思到设计思维模式构建 ········· 118

7.1 设计思维模式构建的可行性 ········· 118
7.2 设计的一般思维模式 ········· 119
7.2.1 设计概念的形成 ········· 120
7.2.2 设计创意的表达 ········· 121
7.2.3 设计实施推进 ········· 122
7.2.4 设计方案评估 ········· 122
7.2.5 反思 ········· 123
7.3 案例分析:高层无人机灭火系统 ········· 123

第 8 章 设计方法实践指导:灯具设计 ········· 129

8.1 获取设计需求 ········· 129
8.1.1 用户研究 ········· 129
8.1.2 功能约束 ········· 132
8.1.3 竞品分析 ········· 133
8.2 形成设计方案 ········· 135
8.3 设计方案实践 ········· 137
8.3.1 材料、结构的确定 ········· 137
8.3.2 软件辅助设计推敲 ········· 140

8.4　设计方案表达 ··· 141
　　8.4.1　形态的考量 ··· 141
　　8.4.2　自我推销:设计表达 ··· 145
　　8.4.3　设计反思:批判总结 ··· 149

第9章　课堂实践训练课题 ··· 151
　9.1　实践练习一:"纸"的承重设计 ·· 151
　　9.1.1　材料及要求 ··· 151
　　9.1.2　评分标准 ·· 151
　　9.1.3　设计方案 ·· 152
　9.2　实践练习二:"纸"的盛取设计 ·· 152
　　9.2.1　材料及要求 ··· 152
　　9.2.2　评分标准 ·· 152
　　9.2.3　设计方案 ·· 153
　9.3　实践练习三:"纸"的穿戴设计 ·· 153
　　9.3.1　材料及要求 ··· 153
　　9.3.2　评分标准 ·· 153
　　9.3.3　设计方案 ·· 154
　9.4　实践训练四:"纸"的弹跳设计 ·· 154
　　9.4.1　材料及要求 ··· 154
　　9.4.2　评分标准 ·· 154
　　9.4.3　设计方案 ·· 154
　9.5　实践练习五:超轻黏土的门把手设计 ··································· 155
　　9.5.1　材料及要求 ··· 155
　　9.5.2　实践讨论 ·· 155
　　9.5.3　实践作品 ·· 155
　9.6　实践练习六:从自然界中寻求灵感 ······································ 155
　9.7　实践练习七:光影训练 ·· 158
　9.8　实践作品展示 ··· 160

参考文献 ··· 161

第1章 绪论

1.1 设计的概念

"设计"的概念源于艺术实践,通过与符号学理论、结构主义、信息技术、商业管理、科学方法等结合不断发展、丰富,在实践中人们经过合理安排所获得的成果及合理安排的规则被赋予到设计丰富的内涵之中。远溯石器时代,人类便开始从事设计活动。在《诗·大雅·灵台》中,有"经始灵台,经之营之,庶民攻之,不日成之",意思是建造灵台之初通过谋划灵台建造的材料、步骤、手段,百姓们能够依照谋划在短期之内建成灵台。这里的"经营"指的是筹划营造,含设计之意。自18世纪工业革命后,设计与生产制造渐分离开来,设计真正意义上脱离美术的范畴并成为一个单独的概念。作为一门诞生不到四百年的学科领域,"设计"概念的定义仍在不断地讨论和拓展之中。

1.1.1 设计的定义

设计活动并非只有设计师才能参与,但在涉及"什么是设计?"这一问题的时候,往往让人感到难以准确地进行定义。接下来,通过20世纪60年代设计师们对于"设计"这一概念的定义,来了解"设计"的轮廓。

著名设计及创意理论家、工程设计师 Edward Matchett[1]提出设计是在特定情况下对真实需求收集分析后获得的最优解决方案。这个定义中有两个关键词,分别是"真实需求"和"最优"。"真实需求"意味着设计活动需要通过某种方式来获取设计需求,而"最优"则意味着设计最终需要确定一个最优解决方案。然而,随着经济的发展和生活水平的提升,人们对于产品、服务提出了更高的需求。为满足使用人的情感需求，设计师需要在前期调研阶段花费更多的精力。在原型测试阶段也增加了感受量化评价标准，提升了最优解决方案的确定难度。

格雷戈里（Sydney A. Gregory）[2]在《设计方法》（The Design Method）一书中，提出从设计方法着手进行研究来理解设计。设计活动过程所呈现出的设计模式具有一定的相似性，都涉及心智模型构建和想法方案执行两种活动。即便对于画家、雕塑家、陶艺师这些艺术领域活动，设计也存在其中。创意者需要再头脑中构建想法，并将想法执行获得想要的东西。

设计方法研究领军学者约翰·克里斯托弗·琼斯（John Christopher Jones）在《设计方法：人类未来的根基》（Design Methods：seeds of human futures）[3]中提出设计是一个包含了人、创造物和改变的过程三种要素的过程。首先，设计是基于"人"展开的活动，人通过运用智慧、经验等积累生活中的种种需求并进行反思、改善。其次，设计是一种交互性的活动，需要有一个对象与设计师进行"交流"，这个对象可以是人自己，可以是动物、植物、社群甚至虚拟的文化遗产等，设计对象的共有性质影响着设计领域的定义。最后，设计必然是基于时间的拥有着多样步骤的过程。

表1-1 20世纪60年代对"设计"的定义[3]

定义	作者	年份
确定某一结构的实现方式的过程	Alexander	1963
一种有目的地去解决问题的行为	Archer	1965
作为对人与产品交互中的一种调节因素而存在	Farr	1966
一种将产品赋予场景使用意义而使得用户收获满足感的行为	Gregory	1966
在特定情况下对真实需求收集分析后获得的最优解决方案	Matchett	1968
基于现实展开对未来可能性的探索活动	Page	1966
一种能够产出新的、有实用价值物体的创造性活动	Reswick	1965

原研哉在《设计中的设计》一书中谈到[4]，人们将对世界观察的视角和感受方式下意识地运用在日常生活中时，即为设计。这种对设计的定义非常贴近生活的同时，也富有一定的哲理。譬如深泽直人设计的CD播放机，拉下播放机的绳子后音乐如微风扑面而来，让人感觉非常清爽（如图1-1所示）。生活中换气扇的"嗡嗡"声让人感觉无聊、烦躁，而音乐起伏的旋律则给人精神上的休息，形成了有趣的

对比。也许哪一天人们听到狭小、密闭室内的换气扇工作声时,会大喊一声"来一首音乐吧,扇子!"。

图 1-1　换气扇、CD 播放机与深泽直人设计的 CD 播放机

1.1.2　面向产品和服务的设计

　　进入 20 世纪以来,设计开始注重人性化和服务,以人为中心,重视人的体验和情感需求。设计的范畴在不断扩大,设计的重要性也日益凸显。设计已不再局限于一种技术或手法,而是贯穿整个产品生命周期的重要竞争力。设计的对象从实体产品,到互联网产品并逐渐延伸到服务系统。

　　在面向产品的设计中,设计师需要根据用户的使用需求,对产品应具备的目标功能系统进行概念性构建。在设计课题开展前,设计师将站在用户的视角,对设计情境、用户体验进行详细地调研、尝试与用户建立共情。在设计过程中,通过使用用户体验共情的工具,分析用户在产品或服务享用过程中的行为和感受,明确设计目标,确定用户需求。通过原型测试获得用户使用反馈,以不断修正产品、获得更优的迭代结果。

　　服务设计是产品设计的延伸。在经济快速发展、服务业兴起的时代背景下,相较于产品加工和单个产品的功能设计,提高服务质量、提升整个服务体系的设计带给产品更丰富的生命力。不仅仅考虑产品的设计流程,更注重服务的外延设计,是设计发展的趋势之一。在产品使用的过程中利用服务提高产品的用户满意度,可以有效提高产品的竞争力。服务设计思维能够全面地思考用户的体验流程,这是因为服务设计思维更关注围绕产品的整个生命周期里的全部服务体验、更需要设计师有全局观和系统观。服务设计思维着眼于用户的需求和体验,以创造良好的用户服务和用户体验为目标。其设计结果可以提供给客户一套完善的服务体系,让用户享有更优质的服务体验。服务系统还注重激励用户在整个服务体系中及时反馈产品及产品服务信息,进一步帮助设计者和服务提供商有针对性地促进产品及产品服务设计的完善与发展。

近年来,随着新技术的发展和产品形态的多元化,设计也逐步进入到一种跨学科的状态。设计不仅仅是为了解决某一个问题,更是有策略地去拓展问题、解决问题。设计的产物可以为企业或个人带来经济上的效益,更能够通过一定的形式来对社会、经济、环境及伦理方面的问题进行回应。通过设计可以将头脑中的解决方案具体化、实现并达成目标。设计将创新、技术、商业和研究紧紧联系在一起,通过设计可以创造出一个更和谐、更优质的生活状态,甚至可以定义未来。

1.1.3 业余设计师的杰作

工业革命后,社会劳动分工的大背景下设计趋于专业化、规范化,设计也渐渐成了一种职业。在日常生活中,人们为了满足生活或情感需求或无意识地为某方面考虑而付诸行动,这些思考实践的过程也可称之为设计。一般地,根据创造的目的性进行划分,可以将日常生活中的设计活动分为"野生设计""再生设计"和"无意识设计"三类。

1. 野生设计

野生设计指的是由未经受专业的设计训练或美学熏陶的行为主体,在某一目的下使用简洁的、自然的方式进行创造,其设计成果往往具备较高的信息传递特征。譬如,对比城市街道中的手写招牌和印刷体招牌,手写招牌使用直白的文字传递信息,往往不经任何排版和秩序的美化;印刷体招牌则看起来非常规整、统一,富有设计美感。以店铺招牌为例,通过对两种风格进行对比,可以发现:

(1) 两者都有着一个形状规则的载体;
(2) 文字简洁醒目,以传达主要信息为目的;
(3) 有一定的颜色对比;
(4) 在排版上,根据内容重要程度的不同,会存在信息块面积的变化。

当然,两者在信息转达的准确性、舒适性、趣味性等方面有着很大的差距,但也不可否认它们的本质是一样的。这些特点也在设计实践中被进一步梳理、确定、总结,并逐渐形成设计的法则。可以发现,设计是一种扎根于人类本能之中的无意识活动,并且综合了功能、审美、条件等设计创造因素。

2. 再生设计

人们对日常生活中的物品进行改造和组装并形成新的具备一定实用价值或美学价值的物品的过程,即为再生设计。再生设计能够发挥损坏产品或勿用物品的剩余价值,受限于被改造材料的特征和改造手法,再生设计所获得的物品或体现劳动人民的智慧或富有一定的美感。

譬如乡村大集中,有很多由三轮自行车改造的摊位。商户在三轮车的车斗上或安装塑料架、铝架或铺设板件,使得小车具备储物、操作台、展示柜或陈列等功能。在乡村,常见的玉米皮、方便面袋子、废旧衣物会被编为垫子(如图1-2所示)。或有破损的碗缸置于屋檐下,当作雨槽用,兼而降低雨水滴落冲击地面形成的坑洞。这些行为发掘了产品的隐藏功能、赋予了物件新的使用价值。

图1-2 玉米皮编织的碗垫

3. 无意识设计

大脑执行判断和决策的功能系统可以分为自动系统和反射系统,或称为直觉系统和逻辑系统[5,6]。自动系统具备情绪化、直觉式、联想、轻松愉悦等特征,能够让思考变得高效、轻松,其行为表征是能够在短时间内做出反应。反射系统具备逻辑性、缓慢、渐进式思考的特征,其行为表征是在较长时间内通过深思熟虑、推理来解决复杂问题。在日常生活中,人们更喜欢自动系统,因而会去尝试通过改变与环境交互的方式来增强交互过程中思维的流畅性。比如某教学楼大厅入口处的核酸测温装置位置的放置,如图1-3所示,该装置初始放置在大楼进门处,在其使用过程中被分别放置到了电梯口和步梯口(如图1-3所示)。放在电梯口和步梯口更容易利用人的间隙停顿行为来达成测温的目的。

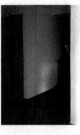

图 1-3 核酸测温装置放置位置(左:大楼进口处;中:电梯口;右:步梯口)

1.2 设计师角色

一般地,能够通过计划或思考来设计制作有形或无形物体、产品、游戏、图形、服务或体验的人即可称为设计师。专业的设计师与普通人最根本的区别在于思维方式的不同。设计师通常具备发散、聚集、横向等有助于探索设计创意和实现设计落地的思维特征。与线性的思维方式相区别,设计思维是一种综合性的思维方式,具有逻辑思维和艺术思维的特点和发散式的特征。这种思维模式要求设计师能够同时、反复地思考问题和答案,并在反复的发散、聚拢与综合之后确定最终方案。虽然系统的设计思维训练主要为设计师服务,但设计思维并非设计师独有的财富,对于不从事设计工作的人,设计思维也不失为一种训练思考能力、分析问题的工具。

1.2.1 设计师的能力结构

设计是一种涉及思维、技术以及环境或媒介的创造性活动,设计本身的综合性要求设计师具备设计思维、善于分析复杂问题、有一定的技术实践背景知识等能力素质。设计师的能力结构可以被划分为"设计思维运用""设计表达实践"以及"关联资料获取"三方面(如图 1-4 所示)。设计思维运用能力指的是在设计流程中所需要灵活运用的思维模式,譬如设计分析、问题界定、创意发想阶段。设计表达实践能力指的是设计方案在讨论以及实施过程中所需要的方案表达、实践行动能力,譬如设计表达、原型测试与评估等。关联资料获取能力指的是获得其他学科领域新知识、产品设计背景资料的能力,用于辅助任务的顺利施行,譬如设计康复辅助用具所涉及的人体结构知识、用户其他属性特征、行为习惯以及市场竞品资料等。

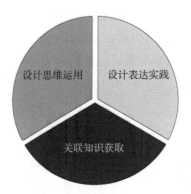

图 1-4 设计师的能力结构

1. 设计思维

设计思维(Design Thinking)体现在设计师从事设计相关活动时,从以人为中心的角度出发而进行探索创新的工作流程所使用的思维模式。这种以人为中心进行设计的技术也有助于其他行业创造性地解决问题,因而逐渐成为一种被业界广泛接受的创意技能和管理工具[7]。

具体来讲,设计思维是一种感性思维,要求设计师站在"人"的角度去思考、谋划,具备"同理心"。这里的"人"不仅仅指用户角色,其概念还涵盖了使用者以及购买者。人的需求和想法是丰富的、变化的,同理心体现在设计师能够基于对用户的感性体验去考量设计对象,切实感受用户的遭遇,以创造性的思考方式解决问题。其次,设计思维鼓励设计生去尝试并体验失败,在反复的实验、功能迭代中反思从而明确问题的最佳解决方案,即不要意图在刚开始即获得完全可行的设计方案,尝试以最小化可行性产品(Minimum Viable Product,MVP)来推动设计。设计问题往往因其复杂性而很难找到完美的解决方案,在提出一个解决方案的同时往往伴随着新的设计问题的诞生。比如下面的门帘设计案例里,先后采用的挂帘式、卷帘式都无法很好地满足用户的需求,每一步获得的方案都会随之引发新的问题(如图 1-5 所示)。可以说,在设计过程中设计师往往需要通过对解决方案的尝试来不断发现问题、修正对问题的描述,尽可能减少最终实践方案所存在的不足。此外,设计思维还涉及跨学科领域的合作、可视化表达以及创意发散和收敛的思维工具。

2. 技术能力

在设计定义明确后,设计师对设计方案展开探索、实现、迭代。如果设计创想不展开测试与评估,对设计方案的解决论断将会成为"一纸空谈",无法彰显设计的价值。在产品设计领域,设计时有必要对设计实施、产品制作流程中的材料、结构、工艺甚至使用方法技术等内容有一定背景知识的了解。在实际情况中,这些工序无须设计师亲自监察、上手操作,但必要的知识能够避免因产品结构或使用操作设计不当导致的重新加工问题,甚至有可能威胁到人的生命安全。

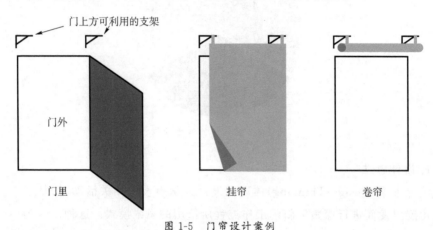

图 1-5　门帘设计案例

设计师的技术能力主要包括两方面,一方面是设计师执行实施设计方案所需的能力。譬如,对于工业设计师来说,需要掌握产品结构设计与制造工艺、人机工程学基本知识、产品语义学等方面的知识能力。对于室内设计师而言,则需要掌握空气动力学、环境建模展示技术、空间造型及人机工程学等。随着新技术的发展、软件系统的革新与功能软件开发,设计脱离图纸绘制而转向软件绘制。专业的设计师除了要有手绘功底,还需要掌握适用于不同设计领域的软件,用于辅助设计方案的视觉化表现。譬如 Photoshop、Illustrator、Auto CAD、3D Max 等桌面端软件,以及 Sketch、Procreate 或概念画板等移动端软件。

另一方面,设计师需要具备一定的流程统筹与把控能力,能够在计划的时间周期内对设计目标展开调研、创意构想、设计方案迭代与实现。基于对设计流程每一个环节的清晰认知,设计师能够更好地组织、策划,协调各方提供的信息、技术实现知识等。

3. 审美素养

富有审美设计的作品能够引发人们愉悦的感受、审美情感或思考联想,增强人们与设计对象之间的情感互动。不同于有着多层次、多维度美感的艺术创作作品以创作家的灵感与思考为主流,设计的美学遵循着另一些规则,这些规则来自区域文化、设计潮流与时尚趋势。设计师需要养成不断积累富有设计美感作品的习惯,善于分析与把握设计美学标准,培养提升审美素养。

那设计美感的标准又是什么、又是如何定义的呢?回顾设计史,可以发现设计的美学标准是一个不断扩展、深化、变化的过程。从最开始追求纯粹的艺术之美,到包豪斯学派提出了"为大众而设计"和"艺术与技术,新的统一"等主张,现代设计也随之产生一系列变化。从为少数阶层提供个性化、昂贵的服务,到设计师逐渐参与到社会人文中。在现代生活中,市场主流消费群体不再满足于仅仅具备功能和硬件优势的设计商品,经销商更愿意对有更多设计投入卖点的产品加大宣传力度。以绿色、健康、生态环保等为理念的设计品不断出现,为人们的生活带来了诸多便利。对新技术、新理论与时尚潮流保持足够的敏感性有助于设计师以前瞻性的思考来把握产品的美学设计实践。

4. 绘制表达

艺术思维包括形象思维、抽象思维、灵感思维三种思维模式,在设计思维中常用到艺术思维中的灵感思维和形象思维。无论是灵感思维还是形象思维,创意的表达、对形象的模仿与借用都离不开形象化的过程。通过直观的绘图技法将创意、想法进行视觉化、图形化呈现,能够更为直观地明晰具象化表达设计灵感或想法。

绘画表达之所以非常重要,是因为这种能力能够将设计师的创造性思维所酝酿得到的想法进行具体的呈现。灵感思维指的是在设计构想解决问题的酝酿过程中,突然或偶然在大脑中获得了对设计问题解决方案的思维过程。灵感思维所得到的产物具备创造性特征,势必需要借助一些形象化思维工具对其进行具体解释描绘。运用形象思维,可以借实际事物之"象"构思设计对象之特征。借用书画中"胸中之竹""手中之竹"的概念,思维对于"象"借用的加工所产出的初步是抽象的,准确地将思维产物表现出来需要有一定的绘制表达能力。无论是灵感思维还是形象思维,都可以通过借用绘画的方式进行创意表现,譬如素描、速写、马克笔绘画技法。

计算机辅助设计软件虽然能够在设计方案迭代中更好地辅助设计师的产品落地,但绘画技能依旧非常重要。通过练习绘画表达有助于培养设计生观察世界、抽取特征的习惯和能力,有助于锻炼设计师三维空间的想象能力。通过观察与收集总结规律、寻找创意,熟悉有效、流畅的视觉语言表现技法。在概念发展阶段,手绘也能够更好地推动思维进行发散、探索。大多数时候,设计的表达技术是相通的,并非产品设计师只能设计产品,景观设计师也能够设计出优秀的平面设计作品。设计生在学习的过程中,应注意不要被"产品设计""室内设计""UI设计"等这些名词所限制,降低思维的灵活性和创造性。

5. 设计调研

设计调研包括但不仅限于用户调研、竞品分析以及技术调研等。无论是视觉设计、建筑设计、产品设计还是服装设计领域,设计的产物都为某一或多个特定的群体提供服务,达成实践价值。从经济的角度来讲,也可以称为占得市场价值。有效地进行用户调研能够为产品设计提供足够的设计支撑,考量用户在产品交互过程中存在的不便与迷惑,是以人为中心设计理念的体现。贸然进行设计开发、根据简单的设计构想生产量化产品,这种做法极有可能迎来产品滞销的困境,无法达到预期的效果。通过用户研究,掌握一定量的用户数据,以此来支撑设计概念、增加设计方案实现的可能性,实现设计成果的价值最大化。

用户调研的一般流程为确定调查主题、明确调研对象、准备调研材料、调研实施以及调研结果分析。首先,设计师需要确定一个设计主题,提出关键设计问题。譬如,对于以辅助养猫人士为猫洗澡为目的的设计任务,设计问题可以是:"养猫人士在日常生活中如何给爱猫洗澡?"。接下来,就是确定与这一设计问题相关的人群或者称为此次设计面向的对象所具备的属性特征。这一课题的特殊性在于其面向对象由养猫人士和猫共同构成。通过初步调研可以了解到有一定经济基础的城市白领、90后人群更愿意且能够为养猫投入金钱与精力,在城市里的猫咖也对为猫咪洗澡存在一定的需求。一旦确定了调研对象,则可以进行调研材料的准备和实施。设计师根据具体情境和用户人群特征选择适当的调研方式,获取与设计主题相关的一手资料并从中提取得到有价值的信息。在得到调研结果后,可以通过用户画像、用户旅程图或优先级矩阵等工具进行分析。在这一过程中,不要轻视相关设计对象的作用,譬如设计师通过对"猫"的深入了解后发现一些猫语对猫有安抚作用,因而决定在设计方案中尝试设置"安抚猫的情绪"+"引发猫的好奇心"的设计点。

用户研究的方法有很多,在实际使用中可以灵活组合进行研究。在前期调研中,除了用户研究,竞品分析也必不可少。竞品指的是在同一需求市场中与设计产物有着相同或相似功能的产品。对竞品的分析与研究有助于设计师:

(1)把握产品的市场定位,找到细分市场;

(2)通过分析竞品功能、结构或用户体验等,提升自身产品的竞争力;

(3)培养对产品的熟悉感,增强产品的感知力。

1.2.2 设计思维的重要性

随着新技术的发展与设计同其他学科领域的不断交叉,侧重于培养锻炼设计生的技术实践、设计表达以及设计调研能力的传统设计教育方式已不再能满足设计师的从业需求。在交互设计、产品设计、视觉设计等诸多设计领域,也逐渐发展着适用于各自领域的技能和理论。然而,从设计概念创造的过程角度来讲,这些细分领域所涉及创造性思维的运用过程是类似的。由于设计思维对"以人为本"概念的深入融合，和有别于传统方式的项目管理方法，设计思维的作用不局限在产品设计、建筑设计领域，一些重视创意与技术相融合的企业已开始将设计思维纳入经营管理策略的培训中，譬如苹果、宜家、IBM等公司。设计思维能够很好地帮助设计生在实践中将"人"与"技术"结合起来，帮助人们理解并灵活运用新的技术，从而更好地提升社会生活参与的幸福感。设计思维是设计师的核心技能，设计思维培养的重要性毋庸置疑。

具体而言，设计思维的重要性主要体现在以下几个方面。首先，对于一些让人感到很难着手分析的问题，设计思维能够提供思考这一类问题的方法。这类问题往往具有不完整性、互相矛盾、需求处于不断变化中等特征，看起来似乎很难彻底解决。设计思维能够帮助设计师发现问题的复杂性，而非始终在盲目寻找解决方案。其次，设计思维鼓励设计师不局限于统计数据，而是充分发挥感性的力量、调动感性创造力以突破性思维解决问题。设计的目的是为真实的世界、为具体的人提供服务，而非虚构的、模糊的概念。最后，设计思维鼓励设计师去构建跨领域团队合作的模式，以获得可靠的设计解决方案。设计问题的复杂性意味着其解决将涉及多方、多领域的信息帮助。不同学科间的知识结构、思维系统的碰撞更容易让解决一个问题变得可行。

总的来说，设计思维能够带领设计师思考分析问题的切入点、设计的开展计划、设计方案的产出与落地等重要问题，具有非同一般的意义。

1.2.3　未来设计师的角色

在"设计"尚未单独形成一种职业之前，承担设计工作的一般是各行业的制造家、手工业者或艺术家，如果按照这一模式，那么互联网产品的设计工作将由程序员或产品经理完成。设计师从制造者的身份中脱离，职业细化分工、各展所长，有利于促进实现产品的"以人为中心"，满足消费市场的需求。设计师最初发展为从事"图纸设计"工作，对于实际情况的不充分了解使得设计产品容易脱离实际，而这也往往需要丰富的经验来弥补。行业和教育早已关注到了这一问题，并由此实践推出多样的设计流程，希望能借此将对实际用户的情况融入设计之中。那么，设计师应当以什么样的角色出现在设计过程中呢？

接下来，将依据设计师设计经验和主观论断在产品设计决策中所占比例程度，将未来设计师的角色大致分为以下三种类型。

第一种角色是权威者。设计师将作为一个专业权威人士参与设计工作，这一角色有利于维护设计师的职业地位。然而,设计师与真实用户在对问题看法和真实需求理解方面存在着巨大的差异。当设计师仅仅作为一个决策的权威角色存在时,这种差异无法被很好地消除。一旦这种情况获得持续的发展,将影响到设计行业的立足与进步。

第二种角色是征求者。设计师完全从用户的角度出发进行设计,以满足用户需求、迎合公共利益为目的,为用户代言或成为用户想法的实施者。这种角色定位能够最大程度上迎合用户或客户的想法,甚至能够让实际使用者受益。然而,更多时候用户所能够提供的方案也存在着诸多无法实现的因素。与此同时,设计师的创造性思维方式决定了设计师在某种意义上是一个"未来学家"。有时候,设计方案可能因其领先于时尚潮流而无法让大众在第一时间感到满意。如果设计师完全失去话语权,这种推动社会发展的审美进步无法很好地进行。技术制约了设计,而设计师则能够让这种技术转化成符合时代审美的对话形式。譬如,智能手机的屏占比不断增加的过程中,从实体按键的消失到屏幕按键的减少、"刘海"的出现,"刘海"的隐藏设计探索以及全面屏出现(如图 1-6 所示)。

1994年8月
IBM Simon

2000年1月
Sharp J-SHO4

2002年5月
Blackberry 5810

2007年7月
iPhone
第一台iPhone

2008年8月
T-Mobile G1
第一台安卓

2022年9月
iPhone 14 Pro Max

图 1-6　手机外观设计中屏幕与按键的变化

第三种是询问者。这种角色介于权威者和征求者两种角色之间,设计师既需要了解用户,也需要对作品有一定的决策权。设计师允许用户参与到产品迭代的过程之中,并影响设计方案的呈现。设计师能够通过用户访谈、实地观察、原型测试等方法工具获得用户的真实诉求,并以此为基础做出决策、完成设计方案的产出。这种做法既能够获得满足用户期望或需求的方案,也能够获得从设计角度解决问题所带来的多方面益处。

1.3　从定义问题开始设计

对于大部分设计课题而言,设计师关注设计问题。设计问题的明确是设计能够顺利展开的必要条件,理清设计问题有助于确定设计目的,以及有针对性地制定行动计划、准备相关材料。随着调研的深入、设计方案的原型测试,新的设计问题也会不断产生。本节将从设计问题的来源、基本特征和解决方法展开讲述。

1.3.1 设计问题的来源

从设计所服务对象的社会角色进行分类,设计问题主要来源于客户、用户、设计师以及立法者。大多数情况下,立法者不直接参与设计过程,但却通过法律法规、规定文件间接地影响着设计过程。

1. 客户与用户

设计通常是面对客户——产品的制造商而进行的,无论是实体制作业的厂商还是新兴的互联网公司,设计师并不直接同用户对接。一般情况下,由客户提出初步的设计需求或设计问题,设计师以此进行判断并明确设计问题、展开设计。对于客户仅为一人的情况,设计师只需同该客户沟通明确设计问题。然而,设计师难免遇到多名客户的情况,设计师需要不断回顾设计问题,明确各方对问题描述的重点。对于比较复杂的设计问题,设计师还可以通过讲故事的技巧来同客户反馈梳理,以促进双方达成共识、产出令客户满意的方案。

用户是产品真正服务的对象。有时候,用户同客户所指的是同一个群体,譬如某机构要求对其办公环境进行改造,这种情况下设计问题的提供者是最终的使用者。有时候,用户和客户各指不同的对象,客户以产品制造商或服务提供方的角色出现。譬如,智能电子消费品的研发厂商邀请产品设计机构设计产品外观。有时候,用户存在而客户并不存在,设计师通过参加辅助落地类大赛、个人工作室来达成设计方案的产出,而设计问题则来源于设计师的观察以及对用户的调研。根据设计问题的来源,有时候同一设计产品的用户可以是不同的人,譬如对于优化会计核算报销系统,当侧重优化提交审计材料者的体验时,用户则是使用该系统以提交材料的人;当侧重优化审计人的办公效率时,用户则为审计群体。分析真正的用户群有助于设计师明确设计问题、有针对性地提出解决方案。

2. 设计师

从设计问题特征的角度来说,设计问题可以来源于未被充分满足的需求、有待优化的产品、社会生活议题等。设计师在广泛的社会活动参与之中,通过观察、思考而萌生出相关的设计理念。这种情况中,设计师能够拥有更高的自主性,也更有可能实现兼具艺术性和革命性的设计成果。

这种突破性的创新设计在很多领域里都可以见到。譬如,诞生于1973年的世界上第一台个人计算机"施乐奥托"(Xerox Alto)率先采用了图形用户界面

（Graphical User Interface，GUI），如图 1-7 所示。在其诞生之前，计算机的操作均以命令行的形式出现，任何指令都必须通过输入相应的代码来实现。这种操作方式要求其使用者需要有一定的技术背景，因此计算机未获得普及。计算机施乐奥托拥有三键鼠标、位运算显示器、图形窗口、以太网连接等功能，体现了"所见即所得"的概念。虽然施乐奥托并未得到普及拥有大量用户，然而作为创新思维的成果，推动了计算机领域革命性的进步。

图 1-7　世界上第一台个人计算机"施乐奥托"

3. 立法者

立法者在这里是一个相对宽泛的概念，包括但不仅限于法律法规、行业规定、管理办法等的制定者。立法者通常不直接与设计师进行沟通，但却能够间接地对设计师的调研观察、方案设计产生影响。法律法规、规定等本身可以作为一种设计方案提出的约束，同时也会因为与设计问题的解决密切关联而影响到设计问题的确定。

1.3.2　设计问题的基本特征

1. 不确定性

在多种因素交互作用下，设计问题具备了不确定性的特征。设计师很难确保设计课题开展之初所确定的设计问题是完整的、准确的。具体而言，首先，由于概念边界的模糊、问题产生的根源不清楚、问题的形成与发展没有足够翔实的资料等原因，设计问题往往很难被清楚定义，设计师只能得到一个初步的设计问题。其次，随着设计项目工作的展开，原定的设计问题会由于某些因素被解释清楚或掌握更多的一手资料而发生变化。最后,由于设计对象是动态变化的,设计问题也会随之而产生变化。如果忽视这种变化,设计方案很有可能在某一时间段下充分发挥作用。相关因素的模糊性、设计问题因素的解释变动、设计对象的动态发展三方面共同影响了设计问题的不确定性。

2. 综合性

设计问题往往因涉及多个方面而具备一定的综合性。在一个设计项目中,设计问题往往能拆解为多个设计问题。譬如,当设计师面对一个初步的需求"我需要一个能舒服休息的地方",初步的调研后,设计师确定了设计问题为"多校区办公人员需要的临时休息室应该如何设计?"。看起来,一个具备沙发或躺椅的空间足矣。但具体地,考虑到休息室营建的空间大小、临时办公的需求、休息质量及隐私保护等,那么,"如何在一个占地面积约70平方米的空间内进行合理规划设置办公区和休息区?""如何设计休息室环境的色调与灯光以提升休息的舒适度?"等设计问题会紧随其后。在原型测试阶段,现场环境的声音来源及干扰性也会引发新的设计问题,"如何降低环境音对休息的影响?"。看上去,一个设计问题能够拆解为许多个,但其实它们都是在解决同一个问题:如何才能为使用者提供良好的体验?设计问题的综合性决定了设计师应当多方面地进行设计考量。

以著名的O系列Fiskars剪刀为例(如图1-8所示),菲斯卡尔斯公司从颜色、材质、手感、易用程度等层面进行思考设计。其经典的"O"系列剪刀由Olof Bäckström设计,作为人机工程学产品的优秀代表被纽约现代艺术博物馆收藏。"O"系列剪刀最大的特点在于弯曲的手柄和环形的手指护套,这样的设计调节了持握时人手施力的作用点,降低了手部疲劳感。

图1-8 Olof Bäckström设计的O系列Fiskars剪刀(1967年)

3. 嵌套性

不同的设计问题有可能是按一定的层次规律组织、嵌套的,而非相互独立。在思考设计问题时,不能仅仅在一个层面上进行思考,而是善于运用关联思维、纵向思维对问题进行"缩小或放大"。如同在绘图过程中对某一局部细节的推敲,设计师会站远一些以获得整体感受的确认。譬如,在设计一款智能电饭煲的外观时,首先面临的设计问题是"电饭煲的外观以及开合方式应当如何设计?",随之而来的是"电饭煲的面板如何设计以及所能够带来什么样的交互体验"。

4. 潜伏性

随着设计实施的过程,一些对设计推进产生影响的因素浮现水面,设计问题也随之产生。设计问题的这种特性意味着其将会贯穿整个设计过程而存在。设计问题的潜伏性特征主要来源于三点,首先,由于设计背景调研所获得资料的不完整性等客观原因,设计问题在提出之初就是不完整的。当设计方案无法达到预期效果之时,可能需要重新对设计问题进行分析。

其次,一个设计问题可能有多个解决方案,每一个解决方案都有着各自的优缺点。在从耗费资源、解决效果、用户满意度等方面对比不同的解决方案时,也会产生新的设计问题。从产生的设计问题解决难易程度思考,来判断方案是否更适合采用。

最后,由于在设计过程中获得更多的一手资料,设计师对设计问题所产生的场景也渐渐熟悉。在这一过程中,设计师的亲身体会促进其产生更细化的或更多场景下的设计思考。譬如,在电饭煲产品设计制作原型方案时,电饭煲锅盖与锅体结合处的设计在一开始并未获得设计师的重视。随着原型进入仿真测试,转轴处产生了设计冲突,设计师不得不重新调整设计以规避这一设计冲突。

纵观设计史,没有一项设计作品能够永久性地被用于解决同一问题。从命令行界面到图形用户界面,再到自然用户(NUI)界面,交互设计师面临的设计问题也在不断变化着。因此,设计师要把握时代的脉搏,及时掌握和预测变化趋势,制定有效的设计方案。应对变化的最佳解决方式就是占据先机,让设计手段成为社会变化的催化剂。

1.3.3 设计问题的解决

设计的根本任务在于解决设计问题,为人提供更优质的服务。由于设计问题具备潜伏性的特征,设计问题的解决是一个不断周而复始的过程,设计师需要通过博弈、取舍不断优化解决方案。

1. 感性与理性思维的博弈

由于设计问题的综合性，因此设计师需要对外观感受、交互体验、耗费成本等多方面因素进行综合考虑后制定解决方案。通过思维的博弈，来决定哪些结构、功能是必要的，而那些结构、功能是可以靠后考虑的。铃木 K12B 型汽油发动机如图 1-9 所示。

图 1-9　铃木 K12B 型汽油发动机

2. 设计的深远影响

当所设计出的产品或服务广泛地流动在社会中时，其所为社会带来的影响开始显现。富有绿色环保理念的设计对于人与自然的和谐发展更是具有重要的意义。设计方案对于自然环境的深远影响应当在设计落地之前被充分考虑。譬如，有着巨大通勤需求的北京为缓解回龙观住宅区至上地工作园区之间的交通压力，在回龙观至上地设置了自行车专用道路，如图 1-10 所示。自行车专用路的设置，既方便了人们的出行，也引导人们选择更为绿色的骑行方式，缓解了交通压力、降低了交通拥堵对环境和交通管理带来的不良影响。

3. 设计的行为意义

好的设计能够帮助人们更好地开展社会生活、提升人们的生活水平。设计能够让人们在意识层面发生认知变化，帮助人们丰富对事物的认知，由此产生行为层面的改变。譬如，AR、VR 等交互设备逐渐应用到人们的娱乐生活中，为人们探索认知世界的感官带来了丰富的虚拟体验。一些习以为常的事情是可以改变的，设计在帮助人们构建社会生活秩序的对话。譬如，在共享单车兴起之初，共享单车停放的位置更多地具备一种自主性。人们会选择视野范围内方便停靠的空地作为单车停放点，当单车停放较多时则容易造成路面拥堵，影响道路的使用。人们习惯性地将单车放置的点，恰恰有可能会引发道路路面应急使用功能无法正常发挥。为了解决这一现象，蓝牙道钉被广泛应用于城市道路中，如图1-11所示。人们从地铁到办公楼的距离从仅由单车承担到"单车＋步行"，间接强化了人们的规则意识。

图1-10　自行车专用道路

图1-11　城市道路上工人正在铺设有蓝牙道钉的停车区

1.4 设计的流程

设计的流程是多种多样的,其根本目的在于辅助设计师在用户需求驱动下找到复杂问题的创新解决方案。不同专业领域在设计流程的每一阶段具体需要做的任务不太一样,有的设计阶段会再分解为几个单独的阶段。但整体上,这些设计流程是非常相似的。一些设计流程从定义问题开始,另一些设计则不是。对于部分专业而言(如网页设计、应用程序设计),由于项目往往庞大复杂,因此在概念方案确定后设计师还需要参与到方案的实施中,以便根据实施情况作进一步的调整。著名设计公司的设计思维流程对比如图 1-12 所示。

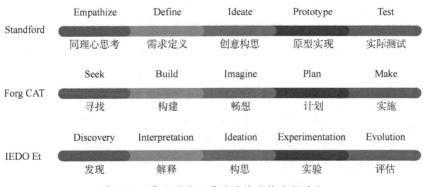

图 1-12　著名设计公司的设计思维流程对比

1.4.1　设计思维流程及其非线性特征

根据经典的斯坦福设计思维五步法,设计思维流程可以分为共情、需求定义、方案构思、搭建原型及方案测试五个阶段。这五个阶段是一个可倒回的非线性过程,以帮助设计师不断修正、获得最优方案。设计思维过程将用户放在首位,将人作为设计的核心。其第一阶段是与目标用户建立同理心,并了解他们的需求、期望和行为。接下来,设计师提出可以快速转化为原型并在真实用户身上进行测试的概念,以能够在产品开发之前收集到大量的用户反馈并进行任何必要的更改。设计思维五步法如图 1-13 所示。

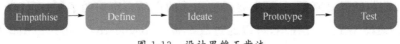

图 1-13　设计思维五步法

设计思维 基础

1. 设计思维五步法

具体的,设计思维过程的第一阶段为同理心思考。在这一阶段,设计师需要花时间去观察真实用户,了解用户的需求、目标、期望等。在这个过程中,设计师通过访谈、个案研究、参与式或非参与式观察等方法,转换为使用者角度、打破自己对世界的惯有理解方式。在观察中,面对观察对象内部共性更多的,观察时可以按照 What(看到了什么)、So What(看到的是否值得细思)、Now What(通过访谈与观察进一步了解)记录展开。如果观察对象呈现出差异性表现,为弄清楚这种差异性表现的来源,可以按照 What(看到了什么)、What's Different(观察到的有什么差异)、Why(为什么是这样的)进行记录。在这一过程中,注重场景的重要性、获得在场体验。了解用户如何与产品互动、记录他们的面部表情及肢体语言都是辅助构建同理心的好方法。

在设计思维的第二阶段,需要定义用户需求。基于第一阶段对于用户的了解,设计师将同理心思考所获得的用户需求转化为问题描述。在这个过程中,可以通过应用分类法(如 KJ 法)、同理心底图(或称为"移情图")、价值主张地图来对用户需求进行整理。在此阶段,可以通过 5W2H 法(Who 谁、When 何时、Where 何地、What 什么、Why 为何、How to 如何、How many 多少)、Five Why 法来挖掘用户需求背后的态度、隐含的价值观等。通过梳理用户需求,将其转化为对产品的功能性、情感性描述问题,形成设计观点(Point of View,POV)。有意义的、可操作的问题将引导设计师进入下一阶段。

设计思维过程的第三阶段是构思,或者称为产生想法,在给定的主题下产生想法,并且不进行判断或评估。为了鼓励创新,构思的过程要求不被批判或质疑点子的可行性。在这个阶段中,可以通过在形式、材料、时间、工具等方面加以限制,来为发散提供施力的基础,激发创意。获得创意的过程中,可以通过思维导图在不同的想法间构建联系。在获取到足够多的创意后,通过点子收敛法、四象限收敛法对创意进行收敛。

在设计思维过程的第四阶段,第三阶段的想法将被转化为原型。收敛得到的设计方案以简单、快速、低成本的方式进行呈现,在具体应用场景中进行用户测试。原型可以帮助设计师获得用户与产品交互、获得反馈的真实情况,尽早发现产品或服务存在的可用性问题或缺陷,以及对于不确定的设计方案做出决策。原型可以根据保真度分为低保真原型和高保真原型。如果想要对初始的设计理念进行迭代,可以制作低保真原型;如果想要对要构建的产品有更好的了解,可以转向制作高保真原型。在这一过程中,可以通过故事板(Storyboard)对用户原型体验过程进行描绘。

在第五阶段,设计师将原型放在真实用户的使用场景中以获得产品表现。在这一阶段,设计师可以通过简单的草图进行概念测试,并依据用户测试收集到的反馈来对设计方案进行修正、优化。在用户体验设计领域,经常还被用到的有可用性测试和 A/B 测试,通过 A/B 测试能够获得用户对于不同原型的反馈结果。无论最初的用户研究工作做得有多么充分,有效的可用性测试问题将会突出之前不曾注意到的问题。用户原型测试并非是整个设计思维过程的最后一阶段,这一阶段的结果将决定是否再次制作原型或者是否再次进行构思。更详细的介绍可参见第 4 章。

2. 设计思维流程的非线性特征

设计本质上是一种解决问题并获得知识的过程,从这一角度对设计流程进行分析。英国哲学家 Karl R. Popper[8]提出从问题解决中获得创新知识的模型(如式 1-1 所示)。其中,P_1 指的是最初的问题输入(Problem),TT 指的是由问题分析所得到的初步理论(Tentative Therory),EE 指的是通过测试对理论进行检验以排除错误之处(Error Elimination),P_2 指的是由批判性讨论中所得出的新问题。同设计思维过程进行对应,可以了解到原型测试实际上即为验证构思并进一步提出新的设计问题,重新进行创意构思,那么可以得到图 1-14。

$$P_1 \rightarrow TT \rightarrow EE \rightarrow P_2 \tag{1-1}$$

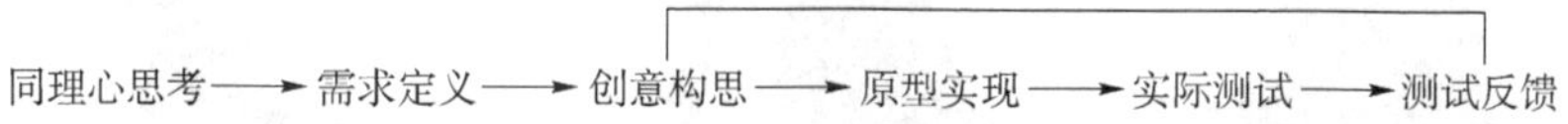

同理心思考 ⟶ 需求定义 ⟶ 创意构思 ⟶ 原型实现 ⟶ 实际测试 ⟶ 测试反馈

图 1-14 由创新性知识获得的问题模型分析设计思维过程

进一步地分析可知,虽然在描述这五个阶段时采用线性叙述的手法,但设计思维过程实际上是一个高度迭代的过程。在一个设计项目中,设计师经查会多次重复整个设计过程,甚至在步骤之间来回跳转。在某一步骤下收集到足够的信息时,设计师会开展下一步骤;当设计师遇到困难时,则会返回到之前的步骤、重新评估之前的材料或者进一步收集更多信息。譬如,设计师在构建了原型后,通常会回到移情、定义的步骤,以确定原型是否满足了用户的需要。在测试阶段,设计师可能会发现自己又一次地对用户产生了同理心思考。这一情况可能会导致需要重新考虑问题陈述并重新审视构思阶段。譬如,对于交互设计师而言,软件界面中的每一个功能的更新、迭代都会需要走一遍设计流程,而非在一开始的设计流程中确定所有的功能。再譬如,对于产品设计师而言,在确定了设计方案开始制作产品原型时,由于发现需要更多的数据资料来确定原型的构建细节,因此返回到调研、构思过程。设计并非需要一蹴而就,反复的迭代更容易获得有价值的创新。设计思维流程的非线性特征如图 1-15 所示。

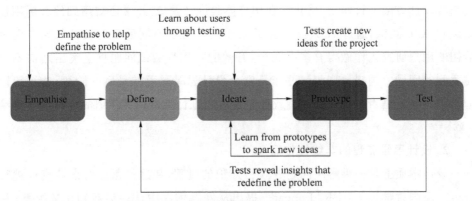

图 1-15　设计思维流程的非线性特征

以 Eames 椅子为例,设计师 Charles 和 Ray Eames 在对这款椅子推向市场后不断根据市场动态的需求而调整椅子的设计,从胶合板材料到玻璃纤维外壳的椅子,设计师实现了创造出真正适合每个人的好设计的理念。Charles & Ray Eames 设计的 Fiberglass Side Chair 如图 1-16 所示。

图 1-16　Charles & Ray Eames 设计的 Fiberglass Side Chair[9]

1.4.2　设计流程的多样性

设计思维过程是一个五步的以用户体验为核心思想的过程,用于开发以用户为中心的问题解决方案,具体到专业领域的设计过程则是一种多阶段的方法。在工程领域中,设计实践过程可以分为定义问题、设计研究、头脑风暴与概念化、创建原型、选择方案、产品评估分析以及产品改进七个阶段。在用户体验设计团队中,设计过程可以分为项目目标及范围定义、问题定义、用户研究、设计构思、高保真原型制作、可用性测试、设计交付以及质量审查八个阶段。随着各类设计行业的发展,适用于不同的设计领域的设计流程被提出。各行业领域标准化设计流程能够确保设计师尽量避免偏见的设计方案、通过测试和迭代来找到最佳解决方案等。

图 1-17　多种多样的设计实践流程(扫二维码)

第 2 章 设计思维与创造力

2.1 思维的概念

思维是一个被广泛使用的术语,意指任何被人意识到、经过人头脑的东西。被人能够通过感觉器官捕捉并获得知觉的过程,可以称为感知。感知的过程并不涉及思考,但能够引发思考。对于头脑中的信念或固有认知,一种是没有经过真实依据而能够被人接受、肯定的事情,如在按键和屏幕显示的交互中,用户在没有任何使用经验前会将物理上按键的排布与屏幕按键的排布进行对应;另一种则是伴随着人的反思在头脑中存在着,如在对产品有了一次美好或糟糕的使用体验后,用户会反思是什么为自己带来了这样的体验。思考引发解释事情、做出预见、制订计划等诸多行为,对于生活有着极大的重要性。

2.1.1 思维的定义

思维是一种高级的、复杂的认知活动,可以间接的、概括的反映客观事实。《社会科学大词典》中提到思维是一种理性认识过程,具备一定的社会性,其主要任务是"对感性认识所提供的丰富的而又合于实际的材料进行加工",通过思考能够"使概念形成判断和推理,获得对事物的本质及其规律性的认识"。那么,人们在以什么样的方式进行思考呢?在心理学领域,大致存在三种观点,第一种,头脑中已存在的知识和潜在的思考过程对思考对象进行了逻辑推理;第二种,人所在环境塑造了人的心智模型,使得人形成特定的行为;第三种,人的"无意识思维"对人的思维和行为能够产生影响。这三种观点在对于思维指导下的行为解释中均能够发挥一定的作用。其中,"无意识思维"与行为的关系如图 2-1 所示。

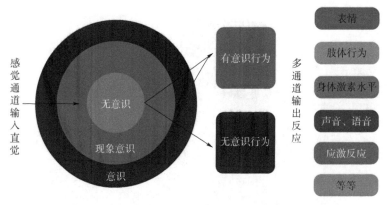

图 2-1　无意识能够引发无意识行为和有意识行为

2.1.2　思维的种类

按照思维过程采用的工具特征,可以将思维分为形象思维和抽象思维。按照思维的发生方式,可以将思维分为直觉思维和灵感思维。按照思维的广度和深度,可以将思维分为横向思维和纵向思维。除此之外,创造性思维是形象思维、抽象思维和灵感思维等综合而成的特殊思维形式。

(1) 形象思维与抽象思维

形象思维指的是通过鲜明、生动的表象和语言等以具象的形式描述事物的一种思维方式。这种思维常见于艺术家的创作过程,并主要以感性形象的形式存在。抽象思维是思维的一种较为高级的形式,主要依靠关系、推理等方式解释概念,是一种将信息进行连接、组织、赋予关系的理性认知活动。通过抽象思维的思考方式,可以了解事物的本质、发现事物之间的逻辑性联系。

(2) 直觉思维和灵感思维

直觉思维是一种无意识的信息加工活动,无须外界的说明、帮助而产生思维反应。对于新兴事物、现象、问题,人们能够通过直觉有一个整体的判别和理解。这种理解基于人的过往知识和经验,有助于帮助人迅速熟悉陌生的、有着较为复杂交互逻辑的操作。譬如,图 2-2 中的这款电子温湿度计,其操作方法的描述非常冗长。对于有一定按键使用经验或者善于探索机械使用的人,只需要简单的试用就能够实现设定目的。对于另一些人来说,这款电子温度计则让人直觉感到有迷惑的操作。

设计思维 **基础**

图 2-2 电子温湿度计及其操作方法说明

  灵感思维是指在科学研究、实践创造、产品开发或问题解决过程中突然产生出新概念、拥有解决思路的顿悟式的思维方式。灵感思维有偶然性、突发性、创造性等特点,这些因素产生于大脑对所接收信息的长期加工。通过对于问题长时间的思考后,通过潜意识的思维沉淀,经由不同介质诱发达到一种具有创造性的状态,最终豁然开朗并找到解决方案或富有创新性的概念。

  (3) 横向思维和纵向思维

  横向思维是指从多维度、多方面认识和观察事物以获得全面信息的思维方式。运用横向思维可以把分散的信息连接为一个整体,明确不同要素之间的逻辑关系、了解把握现象之间的规律,还可以从一个点出发获得同层次上相关的信息。纵向思维指的是专注地、深入地对某一问题或现象进行思考和探索并了解清楚其本质的思维方式。纵向思维可以在发现关键问题因素、明确影响人的态度背后深层次原因等方面发挥作用。

  (4) 创造性思维

  创造性思维是指运用一定的工具或方法将过去的经验和知识综合形成全新的东西的综合思维方式,包含灵感思维的同时,既要求有发散性思维、又要求有收敛性思维。创新并不是无中生有,其需要有原材料以及有技法的思考。一般地,创造性思维包含洞见、准备、孵化、启发、验证五个阶段(具体参见 2.4 节部分)。形成创造性思维,需要有强烈的求知欲、广泛的知识、富于钻研的精神,以及掌握一定的分析工具、乐于同他人讨论。

2.1.3 基本思维模式

人们在观察现象、发现问题、分析及解决问题的过程中,对于信息的梳理、形成计划思路中能够呈现出一定的思维模式。在分析及解决问题的过程中,会有大量的信息需要被整理和认知。一般地,思维通过"树形思维""矩阵思维""多维思维"三种基本模式对信息进行梳理。

(1) 树形思维的概念形象地借用了树枝在生长过程中不断分叉的特征,指的是对某一概念通过不断联系、延伸来进行广泛探索或深入解析的思维。在树形思维中,主要有由上到下和由下到上两种信息追溯方式,因此树形思维也属于一种线性思维。譬如,在设计研究中,需要界定问题、明晰概念时,可以将某一关键设计问题作为树根,不断对与基本概念相关的概念、属性、特征进行延伸和扩展,形成关于设计问题的信息树。

(2) 矩阵思维是一种双维度关联思维,主要用于研究一个维度中因素的变化对另一个维度因素水平呈现的影响或者不同维度之间的交互作用。设计师在对收集到的资料进行具体分析时,可以采用矩阵思维来探索不同类变量之间可能存在的关联。这需要设计师在进行变量分类、梳理后,查找资料或设计实验来分析变量间的关联性。

(3) 多维思维是矩阵思维的叠加形式,其基本形式为立体思维,即三维思维,也特指空间思维。运用三维立体思维要求设计师跳出单线思维的模式,有意识地进行多线问题思考。在日常生活中,人与三维物体的互动、对三维事物的认知影响多维思维的培养。习惯于接收和输出二维信息、缺乏立体感和空间感的设计时,往往会对三维建模有一种陌生感。训练立体思维,可以从两方面入手:思考相关的多线问题或练习立体绘图。譬如,如何在一块土地上种植四棵树,使得每两棵树之间的距离都相等?请注意,是任意两棵树之间的距离相等。很显然,四棵树的位置构成正方形、菱形……这些答案都不符合要求。但在三维世界里,如果将其中一棵树种在山丘最高处或土坑最低处,使它与其余三棵树的位置构成一个正三棱锥,那么就符合要求了。拓展开来,人们可以了解到多维思维是指将多个维度纳入思考的过程。譬如,研究人对于鼠标键盘的不同造型感觉与购买欲之间的关系,购买欲作为目标维度,不同造型带来的感觉可以是酷炫感、可爱感、舒适感等。这些不同的感觉构成了多个维度,这些维度之间的交互作用如何?对于目标维度又可能存在怎样的影响关系?还譬如,在设计一服务系统时所涉及的用户、利益相关者各自对服务系统有什么需求?这些需求之间是否存在相关性或相互制约的关系。多维思维有助于人们认知、解决系统性问题,在多因素影响下的设计中取得良好的结果。

2.1.4 思维的特征

人们在从事认知、实践活动的过程中,在思维上会表现出多种多样的特征,譬如敏捷性、灵活性、深刻性、批判性和创造性等。

首先,思维具有敏捷性。善于捕捉、发现问题并巧妙地解决问题,即为思维的敏捷性。敏捷性的关键在于快速捕捉事物特征,前提在于获得信息的正确性。思维敏捷的人在遇到困难时,能够快速且积极地思考问题,从而做出正确的判断。随着互联网技术的发展,海量信息和大量其他专业领域的知识不断涌现,只有具备敏捷性的思维和快速感知新知识的能力,才能够不断更新原有的知识结构,理解、掌握新的信息并转化为头脑中的知识。创造性思维在解决问题的过程中,总是能够表现出很好的思维敏捷性的特质。紧随时代的发展,完成自我知识结构的更新和完善,以及保持思维的敏捷性,都有利于创造性思维的培养。

其次,思维具有灵活性。思维的灵活性指的是思维在不同概念之间构建连接、实现知识跳转调出的灵活程度,思维灵活的群体具有善于将知识、理论根据事物发展变化和现实情况进行随机应变的能力。面对某一设定的主题,能够很快从不同角度提出富有创新性的创意。思维灵活要求设计切入点选取灵活,解决问题时能够从不同角度、运用不同的方法进行思考;在思考问题的过程中能够善于迁移运用已掌握的知识、规律。注重培养锻炼思维的灵活性,灵活处理信息有助于形成新的想法和概念。

再次,思维具有深刻性。思维的深刻性指的是善于抓住事物的本质和规律进行思考,预见事物的发展趋势。概念是人类对于事物的深刻理解和总结,概念的产生是运用思维深刻性得到的抽象结果。人类善于将感性对象的属性特征经过由表及里进行抽象思考,提取其本质特点并在大脑中形成概括性的总结。思维的深刻性集中表现在解决问题的过程中,能够善于深入地思考问题,不为事物表面现象所蒙蔽,准确把握问题的本质和规律,并在思考过程中保持一定的逻辑分析能力和概括抽象能力。

从次,思维具有批判性。思维的批判性指在思考过程中对事物进行正负方面评价和分析。批判性思维的批判对象可以分为对于现有理论的批判、对于方法的批判和对于实践活动的批判。富有批判性思维的人在分析问题时,能够客观的、多角度地看待问题。他们坚持自身正确的想法,同时从基本事实出发,摒弃错误的观点。缺乏批判性思维的人在分析问题时,并不能坚持把握事物的本质特征。这些人往往会轻易认同他人的观点,将他人的观点当作自己的想法。在创造性思维的过程中,批判性思维十分重要。

最后,思维具有创造性。思维的创造性指的是人出于特定目的,运用已知信息探索并提出新颖有效的问题解决方案的过程。人根据已有的事实和线索,依靠自己的经验和既有认知心理模型,勇于探索发现,总结和提炼出新的方案和想法,从而在头脑中构造出新的形象。思维的创造性所产生的创新性思维成果有助于推动社会的发展和进步。

2.2 创造力的概念

2.2.1 创造力的定义

创造力指的是在反复观察或实践中获得新的构想的特质,有助于解决问题、同他人增进沟通或获得愉悦感。创造力伴随着思维火花的迸发,同时需要想法的实践——通过研究实践证明想法的可行性、测试方案的有效性。美国的 Steven Kotler 从人体大脑结构角度出发对创造力进行了生理结构的解析。大脑皮层在感觉输入和运动输出间承担着连接作用,这种连接作用不仅仅体现在一个对应的公式,而是有着更为复杂的处理。这种复杂的处理意味着人不再是简单的对刺激做出固定模式的反馈,而是能够进行反思和提出有价值的想法。创造力涉及对信息的重组加工,而这主要由大脑神经网络中的注意力网络(The Attention Network)、想象力网络(The Imagination Network)以及突显网络(The Salience Network)交互作用完成[10]。由此,人们可以了解到在创造力发挥作用的过程中,需要人的注意力高度集中、精神状态良好以及思维敏捷。

从大脑神经网络的生理角度,人们可以了解到为什么孩子会看起来比成年人更富有创造力。大脑在发育的过程中,不断的刺激与反馈促进神经突触的形成与减少。孩子能够将脑海中不同的认知印象进行联系,这种联系忽视结果的合理性、审美性、可实现性等。这种在有着"风马牛不相及"关系间事物构建关联的思维是发散思维形成创造性最主要的凭借。先进行构想,不进行评判,从多个视角来分析构想——这即为培养创造性思维最主要的两个手段:"头脑风暴"(详见 4.4.1 节部分)和"六项思考帽"(详见 2.4.2 节部分)。

2.2.2 创造力的类型

1. 五层次创造力模型

结合 Irving A. Taylor[11] 的五层次创造力模型(Expressive Spontaneity、Productive Skill、Inventive Ingenuity、Innovative Flexibility、Emergentive Originality),以创造力水平表现为标准,创造力呈现出自发性创新、产品化创新、结构式创新、理念创新、颠覆性创新五个层次。

自发性创新是创造性行为最为基本的形式,创造主体能够在未经专业性训练的前提下进行富有创造性的活动。富有天赋的人能够通过自由创造获得具有创造性的产品,往往这种产品因很难量化而无法推向市场。

具备可量化生产条件的产品更容易获得商业推广的机会,而量化生产最基本的是掌握相关制造标准和技术。通过一定的专业训练,为创造的过程增加生产、工艺等方面的知识作为约束,在这种约束条件下进行的富有创造力的作品探索可以被称为产品化创新的体现。对于掌握专业技能依据,并对某一固定模式进行制造所获得商品的过程,可以称之为制作品而非设计作品。

在能够灵活掌握专业性技能后,通过对问题的关键影响因素进行分析,并加以解构与重构后提出有效解决方案的过程中,所体现出的创造力可以被称为结构式创新。这一类创新在行业中广泛存在,并有力地推动着行业产品的迭代更新。

前三层次主要面向产出具体的产品或服务方案,而第四层次所涉及的创新产物则是抽象的概念。对某一领域应用新的理念,从而获得具有突破性的产品。譬如在随着越来越多的烹饪技术被广泛应用后,厨房小家电的种类也日益增多。在这种趋势下,将"组合"的思想应用于这一领域,实现"一机多功能",引发新的消费浪潮。

第五层指的是在有了一定的经验或技术发生变革性进步后,从市场洞见获得新的抽象应用概念。从未付诸实践的设计理念,能够创造新的感知与交互方式。譬如,随着计算机技术的发展,沉浸理论在人机互动领域获得进一步延伸。在AR、VR技术领域应用中的交互沉浸性实现被大量探索,"元宇宙"的兴起更是对人机交互提出了新的要求。五层次创造力模型如图2-3所示。

图 2-3　五层次创造力模型

2. Arne Dietrich 的矩阵创造力模型

Arne Dietrich 以大脑活动作为依据将创造力分为深思认知型、深思情绪型、自发认知型、自发情绪型四类。其中，自发指的是在不受任何其他条件刺激下，认知主体大脑自由活动。相对的，认知主体在广泛的、多维度的信息刺激下所进行的思考可称之为为深思。Arne Dietrich 提出的创造力模型如图 2-4 所示。

图 2-4　Arne Dietrich 提出的创造力模型

深思认知型意味着需要对于主题进行大量的、多方面的信息收集，通过深入的了解同主题相关的因素并加以思考，从而获得创造力解决方案。具备深思认知型特征的人有较强的问题探索与研究、实验组织能力，通过不断的思考、迭代，周而复始，最终获得实践性强、满意度高的解决方案。

深思情绪型可以被称为是一种深思熟虑后的情感创造，其往往产出具备艺术审美体验的产品。在生活中积累的广泛见闻，在某一主题下被激发唤醒更复杂的情感。这种情感是大脑皮层额叶区域对情绪进行整合加工后的结果，而非直接由刺激引发的情绪反应。

自发认知型指的是通过大脑无意识活动解决某一主题下的问题。在一次室内设计活动中，屋主购买了与客厅尺寸不相匹配的沙发，设计师所设计的方案之一为沙发模块化改装方案。在改装过程中，屋主反馈沙发套无法适应改装方案。设计师需要在继续选择沙发改装方案和维持原沙发方案之间做出抉择,而这让设计师百思不得头绪,在各种约束条件及屋主需求中无法寻求更好的解决方案。设计师平日里将去洗手间作为一种思维冷静的方式,这时设计师离开了室内去了洗手间。在返回的路上,设计师突然灵感一现有了新的设计方案。同屋主沟通后,屋主最终采取了这一设计方案。沙发的结构与摆放方案如图2-5所示。

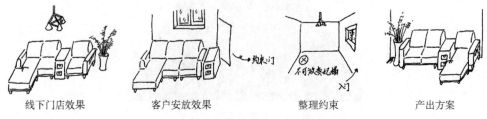

线下门店效果　　　客户安放效果　　　整理约束　　　产出方案

图2-5　模块化沙发设计改装方案

自发情绪型与自发认知型的区别在于获得创意所主要工作的大脑区域不同,自发情绪型更多的是大脑中的杏仁核在发挥作用。杏仁核主要负责处理情绪信息,强烈的情感体验促使人进行情感创造活动。这种集结了人的情感体验而进行的创造活动多见于艺术领域。

3. Adam Jorlen 的创造力模型

Adam Jorlen 将创造性思维主要概括为发散思维、横向思维、审美思维、系统思维以及灵感思维五种类型,围绕创造力产生的特征、过程进行归纳总结。发散思维即指的是对某一主题或问题进行自由的、向外的思考以寻求尽可能多的解决方案。发散思维的典型工具是"头脑风暴",其思维形态整体呈现出类似于树形——由树根作为起始点向不同角度、不同方面进行延伸。横向思维指的是打破思维逻辑性的思考方式,尝试以新的模式从更广泛的层面进行思考。同以结构性分析为主要特征的纵向思维对比,横向思维抛却已知并以独特的方式进行信息采集与处理,富有启发性。

审美思维指的是创造或发现美的事物所具备的思维。审美的对象可以是视觉的、空间的,也可以是文化形式。在审美思维的驱动下,具备美学体验的数字特征、结构特征等被不断探索。审美思维是创造力的基础,但仅仅依靠审美思维无法实践得出伟大的作品。系统思维指的是能够通过观察了解事物之间的关联,并由此推断了解事物背后的系统。"牵一发而动全身",从本质上来讲,创造力能够通过影响物体之间的关联而作用于系统,从而增强整体的价值实现。运用系统思维,能够将多个元素灵活运用以实现作用于某一或多个元素。在某种程度上,系统思维和审美思维密切相关。审美思维通常会将具备相同或相近属性特征的对象归类,而这也正是系统思维的初步体现。

灵感思维意指对某一对象的属性特征、实施过程等方面获得见解，通常在注意力非常集中、思维休息了一段时间后或在睡梦中产生。灵感思维通常是无意识的、迅速地出现，同自发性认知的获取非常相似。灵感思维所获得的产物在被注意到后，应给予一定的重视并尝试付诸实践。Adam Jorlen 的创造力模型如图 2-6 所示。

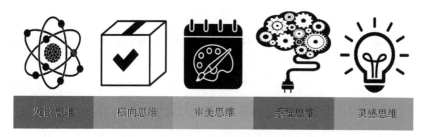

图 2-6　Adam Jorlen 的创造力模型

4. 其他创造力模型

关于创造力还有一种观点，从看待分析事物方法的角度，有整合、解构、反转、想象四类创造力思维。事物的复杂性意味着通过整合能够降低系统运行所需要的资源。具有整合思维的人，能够通过观察发现不同事物之间的相互作用。

解构同整合相反，是一种能够将复杂事物进行拆解的能力。通过对解构后的元素进行观察或测试，了解元素之间的作用关系。在模块化沙发改装案例中，整体的沙发是很难按照应用空间的需要进行调整的，通过移走沙发垫、观察沙发结构组成的关系，重新进行组合以寻求解决方案。模块化沙发结构关系示意图如图 2-7 所示。

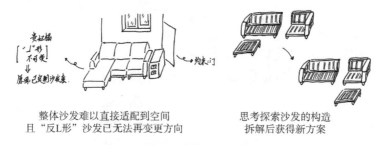

图 2-7　模块化沙发结构关系示意图

在天体物理学中，有一种互有引力作用的双星系统。类似地，在自然社会活动中，同样有具备互相掣肘关系的事物。当习惯建立以 A 事物作为参考系观察 B 事物及其他时，不妨转换参考系为 B 事物，即为"反转"。在平面设计中，常常使用图底反转来进行图案设计，创造静态画面下由视角变换引发的动态成像。

想象创造中,"想象"并非天马行空、毫无边际地进行思维漫游。想象创造要求基于现在的事物,对其在某一条件下完全不同的实现进行设想。在遇到设想对象很难直接在现实世界中实施的情况时,可通过与现存对象构建连接关系、分步推进两种方式进行推进。以建立新的数字支付生态环境为例,构建连接指的是同已有数字支付生态环境及支付场景搭建合作关系。分步推进能够借力推动市场,对于一个服务系统来说,这里的"力"由系统的利益相关者提供。将目前阶段能够推向市场的服务进行落地,从而在市场适应后、利益相关者的推动下,逐步实现最终的创造目的。

2.3 创造力思维模型

2.3.1 思维模型是什么

在长期探索、发现世界的过程中,人逐渐构建用于与环境交互的思维模式并渐固定化。人往往很难意识到、明确感知到思维模式带给生活的影响。那么,现在请你拿起笔,凭借记忆绘制从家到附近公园或商超的路线。过程中,如遇到十字路口,一并绘制路口方向图。

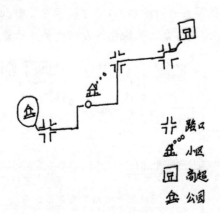

图 2-8 绘制路线图示例

接着,请思考一个问题:杯子的用途是什么?如图 2-9 所示,这是一只普通的水杯,造型简洁,杯身为圆台状用于盛水,并附有把手方便持拿。那么,如果让你来设计一件杯子,你会选择赋予杯子什么样的形态呢?

设计思维与创造力 第 2 章

图 2-9 一只普通的水杯

现在，请思考一种你想要赋予杯子的感觉，譬如温暖的、富有趣味的、酷的、轻盈的、等等。接下来，请继续思考：除了形态，视觉、触感、嗅觉或交互过程如何设计，才能够满足你所想赋予杯子的感觉呢？

那么，杯子一定要是看起来有一定容积的吗？

在与世界交互的过程中，简洁的、舒适的、直观的、美观的、等等一系列正反馈融入了人们的思维模型中。从设计的角度来讲，一系列实践反思所获得的思维框架，则有助于人们有逻辑、有方法地去探索设计。这些思维框架有助于训练设计师形成良好的设计思维模型。

2.3.2 发散与聚合

设计的过程并非求解正确答案，需要发散思维分析问题、获得众多解决方案。发散是为了寻求尽可能多的解决方案，而聚合能够在设计过程中及时起到收敛作用，明确设计方向。发散思维是人们进行研究与创造的重要思维模式，指的是个体根据已知的条件，沿着不同的方向扩展思维，使其发散到不同的相关方面，寻找多种可能的答案进行输出，又称为求异思维、辐射思维或者扩散思维。发散思维不仅是创造力的基础，更是创造性思维最主要的特征。在设计的过程中，发散思维有助于灵感和创意的产生，使得设计作品更加新颖独创。作为一种综合性较强、高层次的思维模式，可借用思维导图工具 Mind Manager、XMind 等进行训练应用。

同发散思维相反，聚合思维是一种具备方向性、逻辑性的思维方式。在创造性思维中，聚合思维要求能够从不同的角度思考问题。根据现有的信息、材料，从已知的信息条件中产生结论，有条理地寻找到一项最佳解决方案。聚合思维要求将信息进行集中收敛，因此也称为同一思维、求同思维和集中思维。使用聚合思维，可以通过创意树模型（如图 2-10 所示）、分鱼游戏（如图 2-11 所示）进行训练。

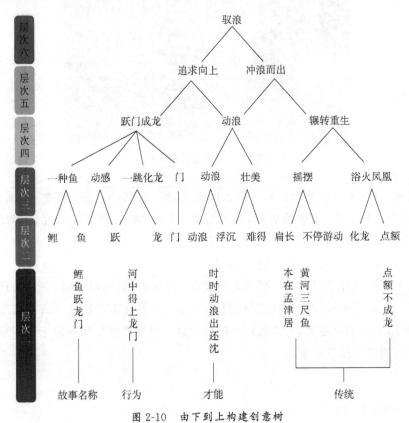

图 2-10　由下到上构建创意树

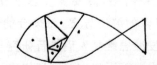

画一条鱼，在鱼圈里插一点，划线分割鱼，
并在没有点的另一半继续插点，
循环往复，直至无法准确插入点（实心圆）

图 2-11　分鱼游戏

发散、聚合这两种思维方式在思维活动中是互相联系、相辅相成、辩证统一的。在创造性思维过程中，发散思维和聚合思维不停地进行转换和融合，将新旧信息结合起来并创新性地解决问题。发散思维有利于新颖地解决问题，聚合思维有利于提高问题解决方法的可用性。对于优秀的设计师,除了灵活运用发散思维和聚合思维之外,同时并行几条思路的思维也非常重要。

2.3.3 5W2H法

5W2H法又称为七何分析法、七问分析法,其产生背景为第二次世界大战。5W2H即Who(谁)、What(什么)、Where(何地)、When(何时)、Why(为何)、How(如何)、How much(何种程度)。5W2H法是一种重要的思维方法,旨在通过善于提问题,寻找思路、发现解决问题的线索。在分析设计问题中,可以通过这种模式对问题进行深入了解。

在设计项目开展的初期,5W2H法可以辅助设计师对设计问题的定义和分析展开了解,并作出充分的问题阐述。应用5W2H法一般按照以下流程展开:

第一步,拟写设计问题草稿,拟定设计任务大纲。

第二步,分析设计问题中的5W2H要素,展开进一步研究。具体的:

(1) Who 指用户,即谁提出了问题?谁是问题的利益相关者?需要注意的是,利益相关者的范围囊括整个产品系统。

(2) What 指主要问题是什么?需要优先解决的问题是什么?需要完成哪些工作?

(3) Where 指问题发生在什么情境下?解决方案应用在哪些情境中?

(4) When 指问题是什么时候发生的?

(5) Why 指为什么会出现该问题?为什么该问题尚未得到解决?可以应用5Why法,以提问的方式加深对问题的了解。5Why法指的是对一个问题点进行连续性的追问,其并不局限于询问5次,找到问题的根本性原因即可针对下一问题进行了解。

(6) How 指问题是如何产生的?利益相关者曾做出了怎样的尝试来解决问题?

(7) How much 指解决问题需要使用多长时间、多少钱?

第三步,回顾所有问题的答案,确保答案详尽、完整。

第四步,按照类别、优先级排列所有信息,找出哪些是最重要的、哪些是最不重要的。

第五步,重新拟写初始的设计问题、审视问题,思考隐藏在初始问题背后的其他相关问题。

图 2-12 5W2H 法

2.3.4 Five Whys 法

Five Whys 法是丰田工业创始人丰田章吉在 19 世纪 30 年代开发的技术,主要用于快速确定问题的外在症状来源、揭示问题发生的根本原因,又称为 5 Whys。应用 5 Whys 法需要多次询问"为什么",并对每次的回答进行质疑和深究。针对所获得的根本性原因制定对策并在样本人群中实施,获取问题解决反馈。如设计问题被较好地解决,则无须再次实施 5 Whys 法;如果未被较好的解决且需要进一步收集资料,那么还应当应用 5 Whys 法进行一手资料获取。Five Whys 法适用于解决简单或中等难度的问题,在处理复杂问题时,Five Whys 会引发对单一因素的调查而忽略了多种因素的作用。因此,当需要解决复杂问题时,可以使用 5 Whys 法确定主要原因。具体的,使用 5 Whys 模型遵循以下流程。

第一步,组建团队。首先召集熟悉问题细节的人员,并告知想要解决的问题具体是什么。在团队中,需要提前设置一客观角色,这一角色可以让团队专注于确定有效对策的制定、推动有效决策的得出。

第二步,定义问题。在这一过程中,需要观察实际的设计问题如何发生,并随后与团队讨论分析。首先,撰写经过大家一致同意的简短、明确的问题陈述。将问题陈述写在白板或便签上,并在其周围留出足够的空间,以便为多次提问"为什么"记录答案。

第三步,提出第一个 Why,可以按照"为什么会发生 XX 问题"这样的提问模式开启讨论。回答问题并收回符合实际的答案,对已经发生的事情收集翔实资料。这样做意图避免猜测或主观判断,防止问题溯源过程演变成演绎推理过程。讨论过程中的答案需要及时通过简洁的短语进行记录。

第四步,连续而深入地提出更多的 Why。对于在上一步中得到的每个答案,询问为什么会这样,每次需要根据所获得的答案快速拟定问题框架。在这一步骤中,快速地从一个问题转移到下一个问题,这样可以保证在获得任何结论之前,对全局有一定的了解。有时,会"顺藤摸瓜"式地收集到一个根本原因,有时候会收集到多个合理原因。需要注意的是,在收集到大量的原因时,应注意及时梳理,避免因信息的复杂多面化而引发思路混乱。

第五步,在无法获得更深层次的原因时,停下追问。根据已经收集到的反馈,解析根本原因,并制定适当的策略以解决问题。如果不确定是否已找到根本原因,可以考虑使用更深入分析技术,例如因果分析或 FMEA 分析等。如果在第三步中第一次询问时即了解到多方面原因,则请对每个不同原因重复第四步、第五步过程,直到找到每个分支的根本原因。

第六步,着手解决根本原因。此时,已经确定了至少一个根本原因。团队对根本原因进行讨论并就问题解决方案或解决策略达成共识。

在应用 5 Whys 方法获得结果后,实施对策并对方案效果进行观察。密切关注这些对策是否以及如何有效消除或最小化最初的问题,如果发生需要修改或完全替换对策的情况,最好重复五个"为什么"过程,以确保团队能确定正确的根本原因。

2.3.5 创造力五阶段模型

每个人都具备创造性思维和创造力,能够在接收大量信息和新的知识后,运用不同方法来进行新的观点或方案输出。然而,这些对于设计创造来说远远不够。创造力五阶段模型是一种锻炼高水平创造力的普适性步骤模型,有助于设计师在初级阶段培养创造力。创造力五阶段模型如图 2-13 所示。

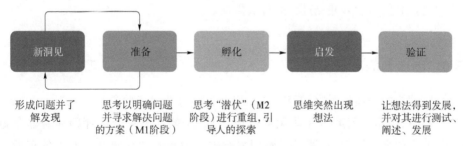

图 2-13 创造力五阶段模型

在创造力五阶段模型中,创造力的第一阶段是洞见阶段。通过观察、了解获得洞见,形成设计问题并发现关键问题所在,基于此提出初步设想。设想可能来源于已有的经验,或者在某一具体设计情境刺激下产生的新想法。除了通过观察获得设计问题,还可以通过自由开放的设计情境来锻炼创造力。

第二阶段是收集阶段。为了判断设想的可行性如何，首先需要对设想实现所涉及的方面、实现步骤、影响等进行思考，并在思考中进一步来明确所面临的问题。接着，尽可能广泛地收集同问题相关联的信息资料，寻求解决问题的方案。在这一阶段，还可以通过交流沟通来增进对问题的认知深度，开拓思维、获取灵感。

第三阶段是潜伏阶段，又称为孵化阶段、酝酿阶段。在这一阶段中，可以通过散步、聊天等分散注意力，放松头脑，无须对设想相关的问题进行思考。虽然大脑并未对设想相关问题进行思考，但潜意识仍然对相关资料在进行重组。潜伏性知识整理的状态更容易获得灵感，但由于资料的不充分、刻板印象等原因，很有可能在思维碰撞之后需要再次收集一些资料来增进对设计对象的了解。

第四阶段是启发阶段，这是整个过程中最令人感到激动、兴奋的阶段。经历了最后一轮"收集-孵化"后，解决问题的方法突然浮现在脑海之中。譬如 Charles Robert Darwin 为研究进化论，前期收集了大量的信息和资料。一天，当他坐在一辆马车里时，突然迸发出了灵感——一个平时苦思苦想无法了解明白的问题就被解决了。同样，阿基米德发现浮力定理，August Kekulé 设想出苯环的结构等，均是由潜伏性思考获得创新灵感。

第五阶段是验证阶段。灵感对问题解决起到了重要的推动作用，其可行性、有效性有待进一步测试和验证。在这一阶段中，设计师将灵感转化为有一定可行性的解决方案，并通过沟通交流完善设计方案。

可以了解到，创造的过程是一个循环进程，而非一个完全线性的过程。创造力五阶段模型着重强调了无意识对所拥有信息进一步加工的重要性，是一个类似于 if 循环的过程。当"潜伏阶段"后没有产出结果或产出的结果在"验证阶段"引发了新的问题，都会引发"收集-潜伏"的再次启动。

2.3.6 创造力的准备模型

"见习"指的是通过观察、互动、构想以及实践等获得经验积累，"见"即为观察，"习"指熟悉、操作。创造力并非凭空习得，"见习"的能力对于设计师而言非常重要。创造力的准备模型，强调了经验积累对创造力培养的重要性。看到的东西只有在经过思考后才有可能成为有用的信息，譬如在考虑产品的伸缩功能时，折叠雨伞伞架的结构设计非常值得借鉴。雨伞伞架对于我们并不陌生，然而只有了解折叠雨伞伞架是如何依靠结构实现功能的，才能进行设计思路的借鉴。

创造力的准备模型由想法的收集与沉淀开始。在这一阶段中，所见所闻引发一定的思考后进入人的记忆库，随着经验的积累和见闻的拓宽，越来越多的想法得以汇聚。在第二阶段中,由某一问题的出现引发了"问题-想法"之间的混合。这种混合可以是在一个较长的潜伏阶段里进行,也可以是某个注意力比较集中的时间段发生。由这一阶段的思维碰撞,迸发出了新的想法。在第三阶段中,借助笔、书写纸、瓦楞纸等工具材料,头脑中的想法得以进一步阐释表达。在这一阶段中,想法将通过解释、讨论进一步完善。这些大脑的抽象活动所获得的成果将在适宜阶段得到测试验证。创造力的准备模型如图2-14所示。

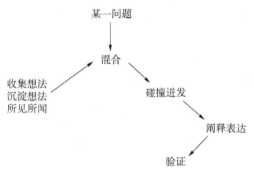

图2-14 创造力的准备模型

所有被大脑分析获得的东西会成为思想集合,看到的、经历得越多,吸收得越多。简而言之,"他山之石"可以帮助形成创造者的想法。值得注意的是,思维模式不应因所见所闻而机械化。当看到不同于往常的设计时,不妨收集一下。

2.3.7 双钻模型

双钻模型(The Double Diamond Design Progress)由英国设计协会提出,描述了更广泛、深入地探讨问题,然后采取集中行动的过程。其核心在于发现正确的问题、获得正确的解决方案。这一模型被广泛应用在产品开发过程中的需求定义和交互设计阶段。双钻模型的整个流程体现了设计过程中思维的发散和聚集的过程,重点在于描述产出最终方案之前的设计过程。利用双钻模型,可以帮助设计师在日常的设计过程中,更好地把控设计问题,从而提炼出有效的解决方案。双钻模型如图2-15所示。

在双钻模型中,设计过程被分成两个部分。第一部分是为决定设计,包括发现问题和定义问题两个阶段。第二部分是实施设计,包括发展和交付两个阶段,即构思方案和交付方案。具体来说,在使用双钻模型进行创造性思维的过程中,第一阶段是发现问题,即探索和调研。发现问题阶段,需要设计师对问题形成理解,其关

设计思维 **基础**

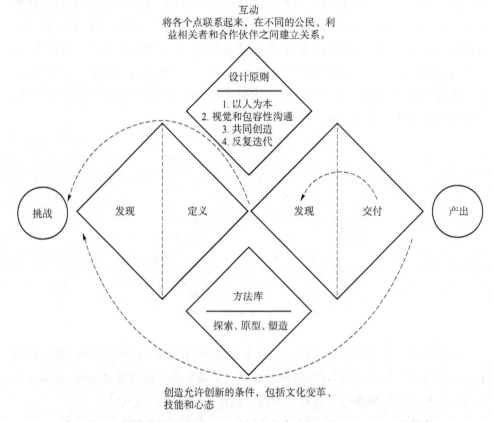

图 2-15 双钻模型（Double Diamond Model，由 British Design Council 提出）

键在于对现状进行深入地洞察、研究发现的问题，这是一个发散的过程。在此过程中需要对需求、商业模式以及用户等方面，所涉及的一切不合理的事情提出质疑。由设计师将用户可能遇到的真实场景的元素，例如地点、时间、人物、故事等一一列举，梳理整个交互流程和节点。然后，对问题有针对性进行研究，可采用用户访谈、问卷调查、竞品分析或行业分析等工具，最终得到一系列的研究结果。第二阶段是定义问题，即定义和聚焦。在这个阶段中需要将第一步发散的问题进行思考和总结，并把问题集中起来进行解决，这是一个收敛的过程。设计师需要深入观察，把存在的问题、研究结论看透彻，并将其归类成为一个主题。同时，设计师还需要把之前的行业分析、竞品分析以及存在的问题一起进行比较，发现可能存在的机会突破点。关注的焦点应当是用户当前最关注的以及继续解决的问题，例如这个设计能给用户带来什么，并思考人们在有关的领域应该怎么做，能解决什么问题。第三阶段是构思方案。这一阶段属于真正的交互设计构思阶段，将问题具体化后对明确的问题给出不同的潜在解决方案。在这一阶段中并不着重考虑设计的技术可行性如何。第四阶段是交付方案，即需要制作原型，并进行测试与迭代。这一阶段可以简单理解为将上一阶段所获得的不同解决方案进行逐个分析和验证，淘汰过程中不合理的想法和设计，最终保留精华设计。

2.4 创造性设计思维

根据头脑中的某个想法而进行制造，无视真实环境中的种种约束，这不是设计。设计不是局部性的问题解决，好的设计是综合运用发散思维和聚合思维的结果。在真实的使用场景中，人的社会学特征、环境特征、社会文化，都有可能成为影响设计效果的重要因素。在沙发安置案例中涉及了社区文化、空间尺寸、木质家具制造技术等多方面问题，为这些列出来相互冲突的条件寻找解决方案，兼顾会客、用餐等使用场景需求。创造性设计思维并不意图教会如何制造原创性产品，而是如何拆解问题并创造性地解决问题。

在充满竞争和商业化的世界里进行设计，创造力并不意味着完全原创。富有创造力的解决方案更注重成为一个好的产品，而非追求原创型产品。创造性设计思维所呈现出的最主要特征并非为追求原创性，而是综合多方面因素去谋划思考解决方案，获得良好的效果。在设计过程中，往往会收集到一些相互冲突的关联性需求，需要快速作出分析决定。对于优秀的设计师，不完全的、可能产生冲突的想法在一段时间内共存于大脑之中，并在约束条件适宜之时进入测试。

2.4.1 设计问题的集成性

设计所面临的问题是多维度的，所面向的对象具备高度互动性。在一件旅行茶具套装的设计中，茶具外观、茶壶持握舒适性以及茶文化等因素，都有可能成为让消费者心动的点。茶具分开、叠放时整体外观如何呈现，则涉及不同茶具之间的无缝隙配合、叠放时的稳定性等问题。如何形成有效的互相支撑的外观设计并且能够有机的融合到单独外观风格中，形成不冗余的视觉线条。所有的这些需要通过同一解决方案来满足。

在设计中，经常需要为一组需求设计一个完整的、集成的解决方案。在智能产品中，以智能穿戴产品为例子。除了能够获取一些基本健康数据之外，穿戴产品需要在获得一定精度数据的同时提供舒适的穿戴感。材料的质量、热传导性能、柔韧性、表面粗糙度等因素都会影响到用户的穿戴体验（如图 2-16 所示）。除此之外，设计师需要意识到其他问题,如成本、加工工艺、结构精简等。设计的问题是多维度的,在智能穿戴产品设计中,增加传感器可以获得更多的数据,实现更多的功能,但这也会导致耗电量的增加,同时可能引发一些隐私问题。

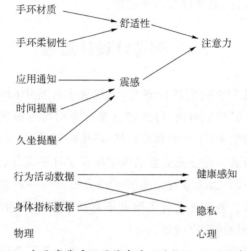

图 2-16　智能穿戴手环设计中涉及的物理、心理维度问题

问题与需求之间的交互形成了设计需要解决的问题框架,设计师不能随意地破坏这种结构、解决其中一部分而忽略另一部分。设计结果的好坏取决于设计师在这种结构中分析解决问题的能力。

2.4.2　六顶思考帽

六顶思考帽是对行为进行归类后形成的思考法则,是一种平行思考方式。使用六顶思考帽法,思考者能够在指引下将理智、情感、信息等分离开后进行思考。一次戴上一顶帽子,以这顶帽子对应的思维方式进行思考。每一顶思考帽具备单独的颜色,六顶思考帽分别对应的颜色为:白色、红色、黄色、绿色、蓝色、黑色。需要值得注意的是帽子并无法用于给单个人贴标签,每个人在每一顶帽子对应的方向上都有着自身的经验与智慧。

(1) 白色帽子对应中立,注重事实和数据,对于信息特别关注,将团队的思绪引入事实数据而非停留在初步的判断中。戴上白帽子后,将对于现有信息、所需要的信息、其他能够获得的信息非常关注,所做的也止步于收集、呈现数据,而不要对数据做进一步的解读与分析。

(2) 红色帽子对应情绪,对事情有着强烈的情感、情绪并带有一定的直觉判断。戴上红色帽子后,可以根据个体积累的经验阐述所产生的直觉,可以畅快表达自身的情绪而无须解释其产生的合理性。这一过程产生的思考成果有助于设计师挖掘人对于某一事项的情感,寻找情感产生的真相。

(3) 黄色帽子对应阳光,特别关注事情的价值、意义等正向面。戴着黄色帽子,无论之前某一想法是否被肯定,现在都开始对这一想法进行正向的思考。在讨论不同的设计方案时,黄色帽子能够对每一方案进行建设性思考、呈现设计方案执行能够带来的有益效果,譬如解决某一社会问题、抓住趋势机会等。

(4) 绿色帽子对应新生,以创造性的发现更多为主要目标。在头脑风暴探索想法期间以及设计迭代产出解决方案中,有了显而易见的想法或设计方案后,可以戴上绿色思考帽,任由创意迸发去获得更多创造性想法或者寻求到其他解决方案。在设计中,解决方案并非看上去最容易实现的实施起来效果最好,设计方案的实施会受到不同条件的约束。

(5) 蓝色帽子对应整理,在团队会议开始时,戴上蓝色帽子思考开会的目的、关注问题的定义、会议预期能够获得的成果;在会议进行过程中,检视会议进行的情况,戴上不同帽子后所得到的反馈是否充足,如果充足则可以开始进行另一顶帽子的思考;在会议即将结束时,也即会议取得的结果、会后的行动计划逐渐清晰之时,戴上蓝色帽子对会议的讨论结果和下一步的行动进行整理。

(6) 黑色帽子对应严肃,对事情特别谨慎。戴上黑色帽子后需要着重关注创意投入实践所可能会遇到的困难,潜在的问题以及可能会带来的危害。这些内容有助于设计方案在实施过程中规避风险,有着重要的价值。

在复杂问题中,六顶思考帽法能够简化思考过程,引导思维在不同的模式间进行转换。应用在设计过程中,可以结合具体讨论的主题及讨论过程中的检视,灵活运用思考帽法来辅助推进讨论的开展。

第 3 章　设计思维实践框架

3.1　设计的指导原则

3.1.1　设计理论

1. 度量比例体系

对于不同规模的木质建筑,其营建尺寸要求不一。法国建筑师 Le Corbusier 从建筑的人居特征角度出发,设计了人体测量比例尺作为建筑设计的尺寸参考模度(Modulor),也被称为红蓝尺。标准化体系能够增强设计的规范性、提升设计的适用性,有助于资源的重复使用。系统化的比例体系有助于让设计产品的各项参数在一定范围内获得秩序,既可以减少设计对象由于不可互换所造成的浪费,又可以增加设计对象的通用化,方便产品间的组合使用。

在产品设计领域,人机工程学知识扮演着重要的角色。通过对人体的结构特征、行动特征和活动范围进行研究,得出科学的数据以指导设计实践活动。人机工程学要求设计活动中为"人的因素"作考虑,在涉及人的操作或活动空间尺寸时参考详细的人体尺度参数。设计师可以根据人机工程学的数据设计出功能完善、操作合理的产品,以达到以人为本的设计理念。

2. 设计原则

设计的基本原则为"以人为本",即设计要在人与环境和谐共存的前提下解决问题。设计的原则可以分为实用性、经济性、美观性、简洁性、可持续性五类。第一类,实用性设计原则,即产品能够满足人们所需要的功能,这也是设计中最基本的原则。第二类,经济性设计原则,即尽可能地控制成本,从开发者和使用者的角度出发减少不必要的浪费,尽可能地让更多的人享受到好的设计。第三类,美观性设计原则,即产品的外在表现形式能够给用户带来最为直接的视觉体验,在设计时应充分考虑到产品的审美特征,符合消费者或使用者的审美品位。第四类,简洁性设计原则,即以简单的手法表达设计,降低使用者的学习成本,使产品易用、好用。第五类,可持续性设计原则,即设计以可持续发展为目标,能够促进人与环境的和谐发展;既满足当代人的需求,又兼顾后代人的永续发展。

3. 设计美学

设计美学作为一门新兴学科,其诞生伴随着欧洲工业革命的开展,并且超越了传统哲学美学的范围。传统意义上的设计、现代工业造型设计、当代艺术等都是设计美学的研究对象。设计美学是一门探索设计中美的规律、属性、表现形式以及审美发展的学科,主要研究设计的本质特征同美的关系。在不同的设计领域中,将设计对象各方面要素科学地、巧妙地进行富有艺术性的呈现。

德国心理学家 Gustav Theodor Fechner 通过调查发现人认为具有黄金分割比例的矩形更具备美感。在自然界中,广泛存在着拥有黄金分割比例的物品。由长宽比为 1∶1.618 的矩形所形成的黄金分割比例作为基础,可以剖析自然界中富有美感的对象,以及作为作品设计比例中的重要参考。

在产品造型形态设计方面,自然形态同样可以提供丰富的灵感。对自然形态进行观察、临摹以及形态抽象,将有辨识度或富有美感的造型特征初步应用在产品的造型中。形态能够有意识或无意识地引发人的知觉联想,丰富人与产品的互动。除了形态,产品的外在形式特征还包括色彩、材质以及表面加工工艺等。同样地,这些因素能够作为具象产品与象征对象之间形成意象连接的桥梁。除了外在表现形式特征,产品的使用目的同样影响着审美。美的造型应当与使用内涵有机融合,而非一味追求华丽、震撼的造型。

3.1.2 以用户为中心

有效的设计需要在诸多条件制约下满足用户的需求与期待,当代对以人为本设计理念促进环境、产品及服务系统增强对用户的包容性。用户可以是一个群体,也可以是多个群体,可以是人,也可以是动物。对"以用户为中心"这一理念应注重结合实践进行运用与理解。

1. 行业规范

在工业化产品生产制造初期,由于行业标准尚不完善,或为追求利益,或因缺乏相应技术,一些外形粗糙简陋、形态各异的产品充斥着市场。这种社会危机激发了 William Morris、Walter Crane 等一批知识分子和自由设计师在伦敦创建世纪行会、手工艺者行会、艺术与手工艺行会等行业组织,旨在倡导新的设计价值标准、提升设计质量。在 20 世纪初,设计组织开始形成联盟,如维也纳生产同盟、德意志制造同盟、英国设计与工业协会等。这些联盟构成行业共同体,标准化的产品制造技术得以制定并推向行业。英国工业艺术家联合会在 20 世纪 30 年代成立并成为业内权威机构,并在 70 年代成为世界上最大的特许设计师注册机构。设计行业自治担负起专业评判和责任管理的行业伦理,发扬着自由创新的行业精神[12]。

随着时间的推移,设计行业规范逐渐成熟。为了节约各方面成本、方便设计管理,设计师需要遵守相应行业规范。在图纸设计和文档整理中,遵守行业规范、使用专业术语,方便技术人员的施工以及可能的下一版本产品方案的迭代。

对于设计师来说,在方案设计前明确设计要求和实施规范,不仅可以有效避免在完成设计创意之后因技术制约而返工修改的问题,还可以借对行业规范的基本要求了解,做到心中有数,充分利用各种技术和工艺提高自己的创意和设计效果,增加市场应用价值。

2. 实际约束

设计的过程是一个探索问题、识别约束以及满足需求的过程,成功设计的关键在于识别实际场景设计问题相关的约束并给予相应注意力。每个设计项目的开展需要考虑到现实中的实际约束,以及出于设计改进目的而自行设置的约束条件。常见的设计约束类型有:

(1) 研发成本。从商业视角来看,研发的目的在于创造价值,价值引导市场中的资金流动。如果不计成本、不计时间去进行研发,价值无法得以顺利转化。

(2) 功能性需求。具体地,如虚拟产品的功能架构、实体产品的功能结构、服务系统的功能框架等等。功能性需求由制造商提出,或由用户调研分析获得建议。

(3) 非功能性需求。具体地,指显而易见的或指定的无形元素的要求。比如,茶壶需要能够被持拿以便于将茶水倒入杯中。在这里需要注意的是,用描述性语言来形容这种需求,而非使用"需要一个把手"这样一个能够影响产品外观定义的"名词"。

(4) 法律法规。设计应遵守相应的法律、法规以及标准,譬如,为药品做包装设计时,应注重遵守国家药品监督管理局所制定的药品包装设计基本规范。

(5) 风格。具体地,指机构、品牌以及项目等拥有的一个或多个视觉识别系统设计应用指南,以及环境、城市相关的文化风格。譬如,为品牌研发系列产品时,需要遵循品牌系列的风格指南来设计颜色、布局等。

(6) 感性工学设计。具体地,指任何对产品视觉、味觉、触觉、声音和气味方面的设计要求。譬如,在手机宣传广告设计中,往往运用数字艺术呈现手法,借助羽毛、汽车等虚拟物品、声音来传递产品本身的质感与品味。

(7) 可用性设计。具备高可用性的设计能够引导用户(包括新手用户)以最简单的路线实现意图,并对使用过程拥有较高的满意度。

(8) 设计法则。不同领域的诸多设计机构、设计团队,根据实践经验、市场反馈及设计反思等制定了相应的设计法则。设计法则是形成优秀产品的一系列考虑因素,能够辅助设计师们做出决策、避免失误。

(9) 协作设计要求。当设计项目需要不同领域的人参与时,技术术语、对接文档及协作汇报方式等都会对设计进程、设计执行产生影响。

设计约束往往以不同形式出现在整个设计过程中,直至交付落地。在某种程度上,约束限制了创意的发挥,但能够确保设计解决方案能够长期发挥效用。

3. 用户体验

美国认知心理学家 Donald Norman 于 20 世纪 90 年代提出了用户体验这一概念,并指出在以人为本的设计中积极和愉悦的用户体验的重要性。Norman 指出优质的用户体验来源于服务流程中各个阶段的顺畅进行以及同接触产品时能够获得令人愉悦的感受[13]。随着科技的发展和生活水平的提升,越来越多的企业开始注重提升产品的用户体验以增强市场竞争力。用户体验在设计中的比重越来越高,以用户为中心的设计受到市场的欢迎和用户的关注。

由 Norman 提出的用户体验层次理论包含本能层、行为层和反思层三个层次。本能层次注重同视觉、触觉、听觉、嗅觉等感觉器官的互动。人们对产品有着模糊或清晰的意象,当一件产品出现在人的视野中,同意象相符并使意象清晰而促发的喜悦感,及同意象相迥异引发的欣喜、惊喜感,是人们对产品产生的本能反应。在大屏智能手机外观差异已让人无法甄选究竟哪一款更适合自己时,消费者可以在线下店浏览、持拿,通过所产生的本能层次水平上的反馈来辅助挑选心仪的手机。行为层次关注人的行为、关注人同产品的互动。用户同设计师的思维模式并不完全一致,如果没有适当的引导或有效的依据,用户无法按照设定方式或路线使用产品以达到预期目标。因此,产品调研中观察用户如何使用产品以及产品在落地前的用户测试是非常有必要的。反思层次关注人对产品的印象和意义感知。在使用产品的过程中,不好的体验会在记忆中被放大。在产品出现问题的售后中,良好的售后体验会比使用中的顺畅体验更能够给用户留下深刻的印象。本能层次涉及对产品互动产生的感觉,而反思层次则是大脑记忆加工处理的结果。

4. 客户与用户

用户,即为使用者,是产品真正在使用的对象,英文名称为 User;客户,即为消费者，是为生产制造产品提供资金支持的人，英文名称为 Customer。设计在设计师与用户之间构建了关系，设计师为真实场景下用户的需求进行设计。同时，由于工业化生产的特性，设计流程中引入了"客户"这一角色。客户提出设计需求并能够为设计师的方案推向广泛的市场提供相应软硬件条件支撑。好的设计方案能获得市场的正反馈，为客户带来收益，推动市场价值流通。设计是价值、理念与情感的载体。设计的过程，是产品与设计师之间发生对话的过程。设计师将产品意图通过颜色、质感、声音以及味道等一系列可以被人感知到的方式传递产品理念。客户是理念的提出者，而设计师是将理念融合到产品中的人。设计前期，这种在客户要求之外的设计创新即应被纳入设计思考。一旦产品落地投放市场，设计师无法再对设计语言进行改动。

客户和设计师都可以参与产品的设计过程。客户作为合作甲方，就专业技术能力和专业知识背景而言，对产品实现的了解程度不如设计师。客户手中持有市场调研及使用数据的资料，并对产品呈现效果怀着一定的期望。设计师和客户的情感表达和认知并不完全一致。譬如，在产品外观方面，客户更倾向于使用具象的词汇描述产品带给他们的感觉。设计师可以充分利用这些词汇来分析客户所提出的需求，包括用户使用体验相关以及客户生产制造及市场推广相关。同时，新手设计师从设计创造的角度看待设计，往往对产品也怀有一定的期望。客户还可以提供产品落地方面的对接，技术协作可以有效辅助新手设计师在由设计师完全和部分主导的设计中游刃有余，从而设计出令人满意的甚至具有惊喜感的产品。

3.2 设计策略

设计策略指的是解决设计问题时整体上采用的思路框架，可以分为全局性策略、启发式策略、发散性策略。

3.2.1 AEIOU 分析策略

AEIOU 分析策略是一种系统化的分析框架，其中，AEIOU 分别指活动（Activity）、环境（Environment）、互动（Interaction）、物体（Object）和用户（User）。研究人员可以由这五个方面切入，对场景进行分析。活动是一系列有目的性的行为，包括人们完成事物的途径、方法和行为。环境指的是活动发生的场景、周边环境。譬如对比研究居家活动空间里气味的设计，场景可具体选择为起居室、卧室及书房。互动是人与人间或者人与物间的交互，通过同环境、服务人员或其他人互动来获取信息、完成任务。物体是环境的基本组成部分,是人在活动中与服务系统发生交互的实物触点。用户指的是使用产品或服务系统的人群。AEIOU框架中的每个元素是紧密相连而非孤立的,可以利用AEIOU记录表记录观察到的内容。

如表3-1所示,应用AEIOU方法对上班族采用城市公共轨道交通系统的通勤特征进行分析。按照乘客在地铁通勤中的行为顺序分为入站、候车、乘车、换乘、候车、乘车、出站等具有目标导向的行为,这七种行为均属于A(Activities)范畴,也可以称为七个环节。接着,对同七个环节相关的服务系统元素进行逐个分析列出。在E(Environment)环境部分包括发生整个地铁通勤的场景,譬如地铁站口、站台、地铁等,对于I(Interactions)互动包含白领与地铁空间中物体的互动如购票、刷卡,与地铁的互动如拉、靠、坐等;与人的互动如和站务员沟通交谈等。物体O(Objects)在公交通勤场景中指所有的可发生互动的物体,如:广告牌、刷卡机、座椅等。用户(Users)即是地铁系统所服务的对象,在这里选取其中的上班族作为一类典型用户群体进行分析。除了上班族,地铁系统的服务对象还涉及离返京人员、带小孩出游群体、高校学生以及站务员、乘务管理员。

表3-1 北京地铁站中上班族通勤特征的AEIOU记录表

类目	地铁站						
	1	2	3	4	5	6	7
活动(Activity)	入站	候车	乘车	换乘	候车	乘车	出站
环境(Environment)	地铁站	地铁站站台	地铁	地铁站	地铁站站台	地铁	地铁站
互动(Interaction)	购买车票、通过进站安检、刷票	查看引线、查看乘车方向、地铁站牌、上车口信息、站台广播	寻找座位、抓稳扶手/坐在座位上、看手机	查看引线、步行、乘扶梯或走楼梯	查看引线、查看乘车方向、地铁站牌、上车口信息、站台广播	寻找座位、抓稳扶手/坐在座位上、看手机	步行、投递车票、寻找出口
物体(Object)	售票机、闸机、引导标识	站牌、车门	座椅、拉环、车窗	地铁站内通道	站牌、车门	座椅、拉环、车窗	闸机、引导标识
用户(User)	乘客、站务员、售票员	乘客、站务员	乘客、司机、乘务管理员	乘客	乘客、站务员	乘客、司机、乘务管理员	乘客、站务员、引导牌

3.2.2 启发式策略

启发式思维(Heuristic Thinking),又称为思维捷径,指的是在面临问题时,根据经验、直觉做出初步判断,做少量搜索找到解决问题的方法。启发式策略适用于很多情况,这种方式的优点是在解决问题时能够很快形成初步的想法,避免复杂思考而导致的决策错误。通过启发式思维获得的解决方案并不一定能够很好地解决问题,但可以通过低成本、低保真的原型率先进行测试。启发式策略可以细分为很多种,在具体应用时可以结合以往成功经验所总结的策略进行。

同时,启发式策略不仅可以应用在设计中,这种策略往往也是用户在与产品互动中会采用的。譬如,启发式策略中的印象启发。具体地,印象启发指的是具备某一系列特征的物体能够带来的感觉、情绪。以图 3-1 所示的 Logo 设计为例,在 Logo 形状-意象-产品之间构建了感觉转移,譬如,锤子:结实与工匠精神,手机:耐用与做工精细;六角尖弧凹形:爆炸、饮料、清爽。

图 3-1 借助形状意指实现意象转移产品的 Logo 设计

3.2.3 全面检查策略

设计过程中有时会出现由思维惯性等劣势导致的障碍。譬如,在思维横向拓宽、多点切入的过程中,随着调查的不断深入,设计各方面模糊的设想逐渐清晰。各部分有机地构成一个系统的同时,由于各部分之间无法完全同步推进、测试,因此在设计完成前还应当进行平行的、全面的检查。

1. 亲和图法

亲和图法(Affinity Map)能够对收集到的观察数据、观点进行关系剖析式的整理,将复杂的信息以易于理解的可视化形式呈现。如果研究数据仅仅存储在计算机中的一张表格、一个文件夹,或者一盒档案、一本访谈笔记里,这些大量二维数据或文本描述性数据很难有效地辅助设计小组进行综合分析。将这些数据进行整理,将研究中得到的见解、观察、问题或要求整理到便签纸上,在逐一深入分析中借助亲和图法解析其中的相关性。在团队中,亲和图法可以将所有成员的想法进行有机的结合,提升团队的协作。在团队有大量可供参考的信息、并且无法一下子理出清晰的思路,而无法继续推进解决方案时,可以采用亲和图法。在团队成员共同整理所有的事实、信息时,成员之间可以获得对信息多角度的理解。

一般地,亲和图法可以用于以下几种情形:①对用户研究得到的结果进行深入拓展;②改进当下某一服务系统或对上一项目进行迭代;③为新产品拓展设计概念;④确定某一流程中存在的问题。在无法弄明白当前所面临的复杂问题时,改变问题相关信息的理解方式或许能够获得新见解。能够从不同角度看问题意味着问题的分析可以借助拥有不同性格特征或多学科背景的团队来实现——成员由各自专业知识和经验出发为团队贡献关于某一主题的相关认知角度。

在亲和图中,每一条待分类的信息或想法都有着独立的信息含义。对信息分类的方式有很多种,其中会更多地采用能够帮助聚焦于关键信息的分类方式,比如,根据吸引力、可行性、实施成本来分类。在实践亲和图的过程中,一般地,先将信息记录在便签纸上,或者具备便签功能的软件中。接着,寻找信息之间的关系并将这些信息进行分类,直到所有的信息都进行了归类。梳理清楚所有信息后分析做出的决策将具备更高的可信度,更容易被他人所理解、认可。

2. 讲故事思维

讲故事是大脑对事情发生过程的阐释输出,借助讲故事的形式为解决方案提供初步的、最小成本的可行性模拟。相较于文字叙述的形式,绘画能够快速、便捷、形象的描述设计灵感或方案,降低概念输出到概念接收的认知负荷。简单抽象的简笔画即可传达丰富的故事场景,引导人关注特定的细节或信息。对于难以描述的概念,可以辅以文字描述说明进行补充。同时,巧妙地表现时间以连接场景是绘制流畅故事版的一个小技巧。

讲好故事,需要构建背景、确定一个或多个有代表性的虚构形象,并将形象置于一定的场景之中。借助讲故事的形式,设计师能够较好地了解推动人们某些行为产生的原因并在设计中加以运用。对于服务系统而言,完整的讲述故事将有助于梳理系统触点的效用。如果想要探索使用者的情绪变动对设计方案的影响,则可以强调人物并着重设计富有冲突性质的故事情节。如果想要探索设计细节对系统使用的影响,则可以弱化对人物形象的塑造。一般地,可以应用三至六个故事情节来探索、检视某一目标。

在同他人交流的过程中,同样可以利用讲故事的思维来推动有效沟通的形成。当交流对象是利益相关者时,可以留意表现出潜在的设计机会;当交流对象是开发人员,则应着重阐述清晰产品使用的背景以及场景;当交流对象是真实用户,则应注重换位思考,分析设计的实用性和价值。

3. 情景思考法

情景思考法是一种建立在未来情境基础上,考虑人们使用产品或享受服务过程的一种灵活的设计思维方法。情景思考法可以帮助设计师提出适当的问题,为未曾预料到的情形做好充分的准备。当人的意识里对设计所面临的情形认知有着相对固化的模式,对所制定的策略、方案充满自信时,一旦出现了不受控制的因素,人会陷入因非预期反馈引发的焦虑和怀疑。过去所发生的以及现在正在发生的并不会成为未来生活的可靠指南。在探索未来情景下所会发生的事情时,对趋势和事件的关注将引导人的意识到未来情景同现状存在不同特征的方面。情景思考法的强大之处在于引导人去思考消费热点转移、技术研发会引发什么样的变化,赋予设计方案什么样的属性或特征能够顺应这些变化。面对未来情形的不确定性,了解不同的想法、观点,挑战当前思维能够带来积极的结果,引导形成可长期应用的、有竞争力的设计方案。

情景思考法更多地基于沟通中的辩论来产生不同于往常的想法。团队协作的过程中,缺乏深入的讨论和头脑风暴时,成果的产出往往利用的是团队成员所拥有的技能和知识背景。这也就是为什么头脑风暴中鼓励产生更多的想法而不予以批判的原因——基于这些常规性思维和非常规性思维下的发散信息激发获得灵感。与此同时,对于在团队中有不同意见的想法,可以进一步通过辩论等形式来进行深入分析。

理解不确定性并有依据的制定策略,能够为相对比较固定的解决方案提供另一种思路。与此同时,从调研到设计方案落地有着相当长的一段时间,对于并非相对稳定的环境而言,如果仅仅局限于对历史及当下调研数据的初步分析,而忽略对未来情形的把握,很有可能在新的解决方案落地时会引发进一步的问题。

3.2.4 思维的局限性

1. 思维框架

在对调研得到的信息进行初步分析后,会获得一定的设计约束条件。这些约束条件无形中形成了一种框架,诱导人在给定的框架条件中思考解决方案。那么,思维将默认在原有框架下思考而并不考虑某一属性未有值范围要求的情况。从常规条件进行分析推断,大概率所得到的是已经确定的事实。设计的问题通常是每月正确答案的,脱离固有思维往往能够得到出其不意的解决方案。譬如图 3-2 所示的两道连线谜题,"一笔用四条直线连接所有点",要求能够连接所有的点、连接过的点不能重复;"一笔从起点到终点",要求走完所有格子、不可以出现斜线、走过的格子不能重复。

如果无法一下子得出方法,请尝试跳出思维圈、寻找约束条件之外的可能性,尝试以"×××这样是不是可以呢?"提问,来发现解决问题的新的可能性。

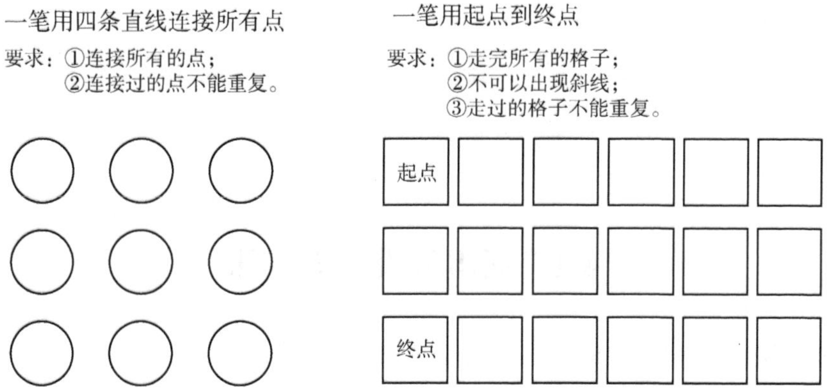

一笔用四条直线连接所有点
要求:①连接所有的点;
②连接过的点不能重复。

一笔用起点到终点
要求:①走完所有的格子;
②不可以出现斜线;
③走过的格子不能重复。

图 3-2　思维谜题:一笔用四条直线连接所有点(图左);一笔从起点到终点(图右)

2. 设计对象的系统性

往往设计对象具备一定的复杂性,将设计问题进行分解使其简单化、条理化是一种常用的手段。伴随着设计问题的分解,其解决过程也具备了逐步推进的特征。譬如,对于产品设计而言,造型方面选择了 A 形式,结构方面选择了 B 方法,单独来看每一方面选择了最为贴切设计主题的方案,然而在 A 与 B 同时应用在同一产品对象上时,却难以获得最佳的效果。这时需要重新分析造型、结构、功能、色彩等方面所选择的方案——抛弃某一方面还算理想的方案,来产生推动新的方案产生。设计的复杂性使得每一部分的最优解并非一定能够促成整体的最优解。相较于各部分要素的设计安排,对于各部分要素之间的关系构建思考同样重要。

第 4 章 通用设计流程

4.1 斯坦福设计五步法

斯坦福设计五步法(Stanford Design Thinking Process)是一种能够创新解决问题的方法论,有利于培养创新思维。斯坦福五步法强调在整个应用过程中要始终保持以用户为中心,鼓励不断迭代和反馈,以确保最终的产品或服务能符合用户需求。具体地,斯坦福设计五步法包括共情、定义、构思、原型及测试五个阶段,如图 4-1 所示。

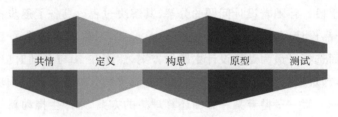

图 4-1 斯坦福设计实践五步法

4.2 第一阶段:共情

在设计实践的第一阶段,应当通过同理心来同用户构建共情。拥有较强的同理心能力意味着设计师能够切实地站在用户的角度感受困难、迷惑等一系列产品所存在的问题。在对问题有一定了解的基础上进行探讨,才能够发现用户所未曾提出的需求。构建共情要求站在用户的角度观察世界,拥有用户的经历和行为能力,同世界互动、获得反馈和对世界的认知。以用户的体验来感受、认知世界,从而得到贴近用户真实情况的需求以及相应的解决路径。

4.2.1 从用户的角度看世界

作为产品的使用者，用户对产品有着最为直接的使用体验。在出于某一目的或需求使用产品，拥有产品使用经验后，用户将产生隐性或显性的需求。产品的功能迭代、结构改进等能够通过影响用户的使用体验进而影响到产品本身的价值实现。因此，为了确保产品价值实现的最大化，往往会采用"实验室测试"的形式来获得不同变动下用户的反馈结果。这样的数据在一定程度上有助于产品的逐步迭代，却由于缺乏对用户的深刻理解而不利于产品的进一步发展与创新。

构建共情要求设计师能够从用户的角度看世界，理解用户在同产品发生交互时的行为、想法和情绪。面对多样的问题情境，设计师所要解决的问题很有可能是自己并未亲身经历过的。因此，在对真实情况进行了解后，有必要站在用户的角度进行情景模拟。设想自身处于同样的情境下，拥有同用户一般的能力，会如何去使用产品达成某一需求。切身站在用户的角度，捕捉用户的想法以及在意之处。

在这一过程中，值得注意的是应当适时反思是否对用户群体、相关情景存在着偏见。偏见是大脑出于为节省认知资源而将粗暴归类替代建立独立的认知存储的行为，这些隐形的偏见并不利于设计师同用户的沟通及设计实践的开展。充分的沟通和平等的接触能够以增加沟通和反思的方式消除偏见。

4.2.2 注重人的需求

建立同理心的关键在于关注人的需求。建立好奇心态，摒除惯性思维的影响，对理所应当的事情保持敏感和好奇。在面对探索发现的设计问题时，从使用者的角度重新理解问题，挖掘用户体验细节，进而探寻是否有可能发现新的创新机会。

接下来，介绍一个以缓解儿童就医焦虑为宗旨的核磁共振扫描服务设计案例。通用设计公司组建了一个全球化的研发团队，包括来自医院以及博物馆的顾问。团队对核磁共振服务过程进行了调研，寻找发现儿童在流程中感到恐惧和焦虑的因素。在研究开展的过程中，团队成员发现站在孩子们的角度去思考问题能够获得有效的发现。这促成了团队成员尝试同儿童建立共情，在儿童进入房间时，尝试从视觉、味道、声音等多方面入手分散儿童注意力，缓解紧张情绪。接着，由于成像过程要求儿童在核磁共振舱内保持不动，这一过程很容易引发儿童的紧张情绪。尝试以有趣、激动人心等积极的活动体验来改变这一体验能够确保扫描过程的顺利进行。

最终,团队产出了八个不同主题的"探险系列"的房间设计方案,通过房间陈设、工具以及主题故事线引导创建儿童喜爱的成像体验。房间以丛林、海盗岛、珊瑚城市、营地和日落时分的游猎探险作为主题,同医疗过程有机地结合起来。譬如,针对核磁共振扫描仪的噪声引发儿童的恐慌问题,核磁共振空间探险的主题房间被设计为太空飞船外形,富有探险精神的主题和情景布置分散了儿童对噪声的注意力。在瀑布探险主题中,桌子被设计为救生筏样式,易于引导儿童想象自己是乘风破浪、穿越湍流的勇士。设计方案经用户测试与可行性评估后获得的数据显示,相当一部分儿童在接受这种服务方案后无须使用镇静剂。

通过使用同理心能力同用户共情,将使用户感到焦虑、无助的医疗检查转化为富有趣味性体验感的过程。正是由于转换视角,体会用户使用原产品时与环境的交互及由此产生的情绪,真正共情用户的需求,才推动了方案的设计与落地。

4.2.3 建立同理心

建立同理心要求设计师在整个设计流程中都能够站在用户的角度思考问题,设想用户所处情境。然而,由于生活经验、身体能力以及产品交互模式的理解等诸多方面存在着差异,设计师有着不同于用户的产品理解模式。设计师打破思考惯性的有效方式是产生在场体验,即到现场获得视听感受、开展实地调研与对话。在某种程度上,在场体验能够给设计师带来一手资料以及其他发现,启迪灵感。建立同理心的目的在于更好地了解用户,在这一过程中,文化探索、焦点访谈以及情景模拟都是有效的实践方法。

1. 观察:洞察用户未曾意识到的

在观察用户使用产品情境时,可以应用三步走观察法。具体地,根据由初步调研获得的用户使用流程信息制定观察计划,理清共有哪些环节以及哪些部分应当重点观察。在场观察时,首先感受在环节里看到了什么;其次是思考看到的是否值得记录以备观察后的深入探讨;最后是确认当前环节(或部分)是否已充分观察,接下来应该观察哪一步。在观察结束后,思考观察到的对象、事情,对比不同类型人群使用产品时的差异、用户使用产品和设想中的使用过程差异。进一步地理清这些差异的来源是什么?影响因素有哪些?细致地观察与逻辑分析有助于明确人们对产品服务的深度需求。

2. 访谈:获取用户的观点与态度

访谈是一种围绕某一主题同受访用户进行对话以了解受访者态度、观点的方法,通常设置在与调研主题无关的环境中。一般采用单独访谈的形式,也可以根据访谈对象及内容的特点设置为多人访谈或两种类型相结合的访谈形式。访谈的内容可以根据观察材料、竞品分析等确定。访谈能够挖掘观察所无法获取得到的内心活动、生活经验等,对于了解受访者行为动机背后的因素非常有效。借助访谈的方法能够加深对用户表层行为的理解,并且有助于获得极端案例的情况。

3. 沉浸:站在用户的角度读取问题

沉浸指的是设想作为用户在产品使用场景中的情况,拥有用户的经验和能力。在这一过程中,需要将焦点设置为用户,关注用户的所言所为、所思所想。由前期的观察和访谈,设计师已掌握了大量的数据,对用户使用产品的情境、感受有了切身的体会。紧接着,需要从对这些一手资料的分析了解到了用户的关注、需求,即检索这些类型的信息:用户在环节中说了什么?用户做了些什么?用户在想些什么?用户有什么感受?等等。进一步地,设计师可以由此更好地代入用户使用产品的情境。

常用的沉浸法有身体风暴法、角色扮演法、影形法和用户旅程图方法等。身体风暴法和角色扮演法是根据模拟用户获得沉浸式的体验,而影形法偏向于跟踪观察后的信息收集归纳。用户旅程图通过故事和图形的可视化叙事形式,将用户使用产品或服务的过程视觉化地呈现出来,直观地展示用户在通过触点体验服务设计过程的行为特征和情绪变化,从用户体验到角度出发,共情用户处于不同服务场景下的需求及痛点,对原有服务进行优化评估与改进。

4.2.4 提出设计假设

设计假设是在预先假定一些条件成立时对结果的预期描述,通过验证的方式能够证明或推翻假设。通过基于同理心的设计共情后,提出假设。假设可以通过A/B测试、面对面访谈等快速响应方法来对原型进行验证。这个过程中,可以通过灵活使用便利贴来整理发现的结果。随着验证与发现的不断深入,对设计对象的理解也逐渐加深,所形成的设计假设将变得精炼且不失细节。

4.3 第二阶段:定义

在共情阶段收集到一定的用户数据后,经由分析提出了设计假设。接下来,对收集到的问题与信息进行分析与综合,做出设计定义。为此,这里需要对这些信息进行排列组合,进行需求的深挖与转化,最后给出设计定义,得出设计观点。

4.3.1 如何定义问题

具体地，定义一个问题可以从以下三方面进行执行。

第一步，定义关键的问题。某一现象往往受多种因素影响，这也意味着问题具备多面性、具备主次之分。解决次要的、外围的问题无法真正地改变使用者的体验。譬如，针对提升居民采用绿色出行方式比例进行问题分析，如只关注到了由于小区门口的共享单车数量较少，而提出增设居民小区进出口共享单车数量能够提升小区居民的绿色出行比率，以此假设开展测试调研无疑会拉长整个设计进程——因为这显然并非关键的问题。识别非关键问题的方法也很简单，对其所转化的设计假设进行初步讨论。共享单车的数量对小区居民绿色出行比例的影响是什么样的，是否会存在一些小区的使用量仍然不高、增设的共享单车会逐渐集中于另外一些区域的可能性。显然，经过讨论会发现，有的小区老年人居住较多，居民常采用步行、公交方式出行；有的小区居民大都采用电动车通勤，采用自行车到地铁站的时间较长，等等。经由初步讨论所确定的设计假设，即可引出一个好的问题。

第二步，形成独特的观点。建立独特的观点需要超越既有理论框架的独特想法。首先需要透过现象看到本质，其次在表述观点的时候，不要被"名词"局限，可以尝试使用"动词"或"形容词"等描述性的词语。譬如，用户想要达到书写的目的时，如果只给出"桌子"这样单一的名词定义，那么设计的可能性就会被局限；相反，如果人们使用"书写"的动词，给出"给用户提供'书写'位置"的产品，可能性将会被拓展，带桌板的椅子、书写垫板甚至人体的背部都可以达成这一目的。而这些被拓展出的可能，有的比刚开始时提出的名词更好地解决了"给用户提供'书写'位置"这一目的。美国著名的"汽车大王"Henry Ford 曾说"如果我当年去问顾客他们想要什么？他们一定告诉我：'一匹更快的马'"。在"马"这一名词描述下，用户的深层目的其实是更快地"到达"某地，而用户不会对没见过的东西产生需求。在汽车未被定义的时期，用户所能想到的是已知的最快的交通工具——好马。以"更快到达某地"这一用户信息展开思考，Henry Ford 反复思考尝试后成立了第一家汽车公司，从根本上改变了用户的出行方式。

第三步，进行问题的重拟。通过搜集大量使用者的详细资料，对这些信息进行聚类收敛，来发现使用过程中的重要机会点。像孩子一样时刻保持好奇心，对观察到的现象多问"为什么"，而非认为这应该是理所应当。像学者一样富有深究的精神，对于初步探索所得到的答案，多思考反问"真的是这样吗？"。保持开放的心态，而非古板、固执，乐于、善于接受新的观点。在此基础上，不断地探索、求问，获得一个有价值的、有针对性的、关键的设计问题。

4.3.2 确定问题与需求

1. 问题认知与分类

在团队协作的过程中，信息的及时交流沟通对于团队决策有着非常重要的作用。当需要明确用户的需求时，一个重要的步骤是整个团队共同回顾关于使用者的资料。设计师将分析的资料应同用户提供的信息保持一致，以确保对资料的进一步解读能够同用户深层认知保持一致。譬如，在面对用户提出的"这个说明书很复杂！"的看法时，设计师甲的初步解读为"使用者需要花费较长的时间来理解"，而设计师乙的初步解读为"使用者觉得写得不好，无法根据说明书掌握产品的使用过程"。作为调研的参与者，设计师甲则可以通过还原调研时的实际情况以向其他设计师做出解释——"用户更多的陈述为，说明书的指示不够清楚，要看很久才能明白"，因此，用户认为"这个说明书很复杂"。对于问题的讨论非常重要，这有助于团队成员间能对用户观点进行正确的、无误的解读。

当设计团队将用户使用产品过程中存在的问题进行正确的理解后，接下来需要将这些问题进行聚类以降低问题的维度。在进行问题分类时，可借助亲和图法、移情图法等方法工具。

2. 需求深挖与转化

在对设计调研所发现的问题进行聚类之后，需要着手进行设计需求的深入探索与转化。首先，需要思考在表层的需求背后是否存在更深层次的含义。其次，需要多思考为什么，尽可能多地从不同角度看问题。看待问题的视角不同，所获得的理解也不同。在进行需求深挖时，人们常采用的方法有 5W2H 法和 Five Whys 法（具体见 1.4.1 节部分）。这两种方法的区别在于，前者注重对提问对象的全貌进行了解，而后者则是针对某一表面现象进行深入地提问追踪。前者能够帮助设计师更周到地考虑问题，避免发生疏漏；后者则鼓励设计师跳出主观预设陷阱，从结果、现象入手借助因果关系推论层层逆推，透过现象看本质，从而从根源上解决问题。

4.3.3 设计观点 POV

对问题聚类、提取需求产生洞见后，可以创建 POV 陈述信息。POV 指的是 Point of View，即在问题中选定视角，指引构思、原型阶段的设计方向。POV 陈述由用户、需求、见解三个要素构成。用户即为与 POV 陈述相关的具有某一特征的特定用户群,可以用"形容词+名词"的形式来描述;需求则是在前期共情、访谈、观察或实地考察中发现的来源于用户的具体需求,一般可以采用动词来描述;见解指的是需求解决的具体问题或情况,是需求中所描述的浅层次情形所对应的深层次原因。

创建 POV 陈述的方式可以被形容为填空,下面是一个 POV 陈述模版。其中,第一个填空为"什么样的用户",第二个填空为"满足什么样的需求",第三个填空为"所获得的深层次洞察原因",也可以成为见解、洞见。

_____需要一个方法来_____,因为_____对他很重要。

譬如,以职场新人的任务流规划需求为例,一个 POV 陈述可以是:

<u>职场新人</u>需要一个方法来<u>避免遗忘多个工作流中的关键事务</u>,因为<u>确保工作进度</u>对他很重要。

再具体一些:

<u>拥有多线程、大量工作的职场新人</u>需要一个方法来<u>方便在工作流的任何一个节点检视进度</u>,因为<u>合理安排工作、确保进度</u>对他很重要。

采用这一工具,人们可以对生活中的现象进行深层次分析,也会发现一些很有意思的本质洞见:活跃的人喜爱交际的行为可能是由于个体渴望产生生命的连接,从交际中能够获得一定的情感满足;同行间非理性的内部竞争来源于有限资源下的社会贫富差距;996 工作制员工下班后凌晨刷视频的本质洞见是他们可能需要有意识条件下的状态放松以缓释工作压力;等等。

应用 POV 陈述解析法,可以更准确地对用户的需求进行场景还原和深层原因剖析。这有利于找到用户更为底层的需求,从用户的期望型需求转而为兴奋型需求。在应用 POV 陈述解析的过程中,有可能会发现值得关注的特例用户。对个案的研究有助于发现设计机会,使设计更具有创新性。

4.3.4 转化:HMW 工具

在斯坦福五步法中,从定义问题到创造解决方案的转化是一个非常重要的过程。HMW(How Might We)工具是一个常用的设计思维工具,其意指设计团队共同思考处理问题的各种可能性。它可以帮助设计师以更积极主动的态度思考设计需求,完成定义阶段和构思阶段的转化。具体地,使用 HMW 工具的步骤为:

(1) 将问题或观点转化为 HMW,即"人们能够做什么"。譬如,人们如何能改变多线程管理工作人员的体验呢？在多线程管理工作中，人往往会因为多个线程的时间点冲突或前后紧挨而产生遗忘、焦虑、担忧等情绪。

（2）使用头脑风暴法（详见 4.4.1 节部分）细化 HMW 问题。这时候，可以从以下几点展开思考：

① 增加好的部分。人们如何让多线程工作变得清晰明了。

② 减少不好的部分。人们如何让管理人员的情绪不影响到工作的进行。

③ 探讨问题的对立。人们如何让棘手的多线程工作成为一件轻松的、容易的事情。

④ 重新反思假设。人们如何让多线程工作变成互相之间不会产生时间冲突的。

⑤ 使用形容词描述体验。人们如何把多线程工作变成"从容不迫"的。

⑥ 使用形容词描述场景。人们如何把办公室变得更容易让人放松、专注。

设计问题或观点的转化应当能够激发团队的想象力，并且具有一定的开放性和广泛性，注意避免提出过大或过小的问题。譬如，"人们如何能重新设计一款甜点？"这样的问题描述所指范围太大；"人们如何能设计一种冰淇淋不会滴下来的甜筒？"这样的问题描述对于设计产品或服务解决方案而言又过于关注细节实现，范围太小。"人们如何设计一款适合在路上行走时吃的冰淇淋？"这样的问题描述则是范围适宜的。在获得 HMW 问题后，则可以沿着每个 HMW 进行构思，并进一步转化为原型。

4.3.5 设计过程中的重力问题

在设计过程中会遇到一些障碍和挑战，其中，有一些障碍可能会导致设计师陷入困境，无法继续进行设计。这些障碍如同重力一般无法抗拒、不可改变，包括但不仅限于合适的资源、技术瓶颈、社会文化等。当在一个设计方案上花费大量时间、资源，但发现方案的可行性很低或不受用户欢迎时，应当尝试新的方案并了解市场的负反馈原因，避免浪费更多的时间。一些设计问题可能需要在技术方面突破局限性，设计师应当注重规避这类问题。多学科背景或跨学科团队有助于设计同技术的合作，并能够推进设计从更简单的方式实现问题的解决。社会作为一个群体互利共生的文化产物，其稳定性非常重要，而这也进一步影响了社会对其间生活的人有一定的自由限制。在理解社会文化的前提下，设计师可以探索社会内部的创新空间，尽可能深入地去探索设计方案的实用性和呈现效果。

4.4 第三阶段：构思

构思阶段，又可以称为"创造解决方案"，这一阶段的主要任务是为项目主题产生创新想法。构思汇集了团队成员的观点和优势，不同类型的人共同参与产生想法。在这一阶段中，除了多学科项目团队外，还可以纳入其他成员，譬如研究主题相关领域的专业人员，以及研究主题所涉及的利益相关者。将这些不同的专业知识结合在一起的目的是贡献不同的观点，使最终的结果更丰富、更有吸引力，超越平凡地解决方案的同时，增加了解决方案的创新潜力。

构思阶段通常从项目团队进行关于要探索的主题的头脑风暴会议开始。根据项目的需要，应当同用户或客户至少建立一场共同创建的会话。在头脑风暴过程中生成的想法被列在一张清单上，并在同客户或用户的会议中不断进行验证。

4.4.1 头脑风暴

头脑风暴是一种帮助团队快速产生大量想法并鼓励创新的创意思维方法。通过头脑风暴充分发挥团队成员各自的创意和想象力，在快速解决方案、提高工作效率的同时，以自由探讨的形式辅助拓展个人视野、超越传统思维框架限制。无论是寻找创意灵感还是解决问题，头脑风暴都是一种非常有用的工具。

在应用头脑风暴法激发创意的过程中，为确保成功、有效，需遵循"三不五要"的原则：

（1）不批评他人想法，想法无对错之分，站在不同的角度会对想法的对错有不同的见解；

（2）不打断他人陈述想法；

（3）不脱离头脑风暴的讨论主题；

（4）要"疯狂的"发散，刺激思维的灵活性；

（5）要尽可能产出更多的点子；

（6）要使用绘图的形式简明地表达想法。视觉化思考的形式更加直观、易于理解，便于清晰地表达想法和意见；

（7）要给想法起标题；

（8）要包容地延续他人想法，做到相互激发、补足。

头脑风暴应该是一个团队之间完全处于协作状态的过程，团队产生的想法越多，产生创新和功能性解决方案的概率就越大。团队中的任何一个成员都可以将想法组合、调整、转换和分解成更多其他的想法。积极寻求大胆的想法,新的想法和不同的角度可以刺激产生创新性解决方案。具体地,应用头脑风暴方法的步骤一般为:

(1) 针对探讨主题或目标,每名成员提出超过 15 个点子;

(2) 每名成员随意在白板上使用便利贴将点子贴起,避免将便利贴阵列排布;

(3) 在每个点子旁边配以简明的图画进行说明;

(4) 尝试将各个点子建立连接关系,用不同颜色的笔定义连线之间的关联属性;

(5) 给得到的群集在可扩展性方面打分,满分 10 分,获得 7 分以上的群集再进一步讨论、扩展。

当然,除了便利贴法,还可以使用明信片法、思维导图法、角色扮演法以及 SCAMPER 技术。具体地:

(1) 明信片法:要求每个参与者在一个明信片上写下一个想法,然后将它放入一个集合盒中。之后组员将从盒子中随机选择并讨论这些想法。明信片可以使用便笺纸或裁切后的 A4 纸代替。

(2) 思维导图法:使用较大范围的纸张(如 A1 大小),在其上使用中等粗细的笔写出点子,并以基础点子为拓展形成更多的点子,其间通过线条或箭头相连以展示点子之间的拓展关系。

(3) 角色扮演法:允许参与者扮演利益相关者的角色,帮助团队从不同的角度审视问题和需求,了解客户或用户的需求与期望。

(4) SCAMPER 技术:作为一种辅助改进现有想法的头脑风暴工具,这种技术的命名以其不同的创意思维方式英文名称首字母合并而成,包括 Substitute(替换)、Combine(组合)、Adapt(调整)、Modify(修改)、Put to other uses(用于其他目的)、Eliminate(消除)和 Rearrange(重新排列)。具体地,这些思维方式分别指的是:

①替换:思考是否存在其他元素可替代当前采用的流程节点、材料、工具等。

②组合:思考是否两个元素组合在一起后可以创造出新的概念或实体。

③调整:思考当前元素是否可以进行功能方面的调整以更好地发挥其功用。

④修改:思考当前元素是否可以进行本质属性方面的调整以获得新的外观或使用方式,如形状、位置等。

⑤拓展:思考当前元素如何应用在其他场景中以获得更广泛的使用价值。

⑥消除:思考当前元素存在的必要性和重要性,是否可以删除或废弃不用。

⑦反转:思考当前元素反过来可能会引发的变化。

以上七种思维方式可以灵活运用在头脑风暴的过程中,辅助以多元化视角看待问题、从多个角度寻找提出改进方案。

4.4.2 限制法与心智图

限制法和心智图是在构思阶段常用到的创意思维工具,能够辅助创意发散。在创造新的解决方案的过程中,可能会出现没有想法、思维枯竭或点子数量太多等问题,这时候可以通过应该限制法来在设定情况下寻找解决方案,或通过心智图理清头绪,发现设计灵感。

1. 限制法

限制法指的是通过明确、增设限制约束条件来激发想法,促使人在特定条件下寻找新的解决方案。譬如,在时间、场景、资金、材料、工艺等方面加以限制。实际上,增加限制能够提供可思考的方向,而非关闭探索的道路。譬如,以写出白色物品为目的,通过以下两种方式分别提问:

(1) 请拿出纸、笔,在 10 秒的时间内,尽可能地写出白色物品,倒计时开始;

(2) 请拿出纸、笔,在 10 秒的时间内,尽可能多地写出家里有哪些白色物品,倒计时开始。

对比这两种提问方式,后者增加了场景限制。显然,增加了限制条件后思维更容易完成预期目标。在这里,限制成了思维的"着陆点",是创意的开端。

2. 心智图法

心智图法是一种可视化思维工具,可用于想法的整理、分类与组织。具体地,应用心智图法可以先列出一些点子,发现点子之间的关系或拓展分支,一步步增加更多的细节和信息,形成外显的、结构清晰的思维导图。通过记录和视觉化点子后,可以使大脑有更多的精力去思考和拓展。

譬如,以对毕加索画作的重设计为例,从提取画面元素出发,可以对提取得到的元素进行重组,或者对提取的元素同真实物体进行特征映射、发现规律并将更多的真实物体转化为毕加索画风元素,或者提取其中的某些元素并用非画作的形式进行呈现等。

4.4.3 收敛

在初始的创意发散后,对所得到的创意点进行筛选并获得最有潜力的设计方案。在构思阶段中,设计师尽可能多地收集、生成各种想法创意的同时,需要避免陷入创意泛滥,并确保最终得到的设计方案既符合需求、又具备一定的可行性。具体地,可以沿循以下步骤进行。

(1) 筛选:对团队所生成的点子进行初步筛选,去除可行性极低的、与用户需求背离的点子。

(2) 确定标准:明确评价点子的筛选标准,包括可行性、成本、时间、可持续性、人性化、美观度、受欢迎、新颖等方面,确定评价标准后赋予每一标准一个颜色的点。

(3) 评估投票:每人分配一种颜色的点并对不同的点子投票。

(4) 细化点子:对投票数较多的点子进行深入的讨论和细化,可以通过在一旁贴便利贴的形式对点子进行具体化,完善细节设计。

(5) 最终确定:在反思后确认团队共识,确定最合适的、可以进一步制为原型的点子。

在构思阶段,创意发散后使用收敛对设计方案进行聚焦有着非常重要的作用。收敛可以帮助团队快速缩小设计范围,节省时间和资源。通过收敛过程中对各个点子的评估,完善设计点子使其成为一个可以测试的设计方案。评估能够确保团队在确定最终方案时避免设计过于理想化或不适用于实际,提高设计质量。

4.4.4 抉择矩阵

1. 概念与应用

抉择矩阵(Decision Matrix)是一种帮助设计团队评估和比较不同方案的工具。通过更加客观地评估和比较各种设计方案,推动团队做出更明智的决策。评估过程中应纳入有关专家和利益相关者的意见和建议,以确保评估结果的可信度和可行性。一般地,使用抉择矩阵包括以下几个步骤:

(1) 定义评估准则。确定用于评估每个设计方案的重要因素或准则。这些准则应与项目需求和目标相符,并根据实际情况进行调整。譬如,成本、功能、易用性等。

(2) 列出设计方案。新建或划出一表格,将评估准则列出在表格的第一行,将需要比较和评估的设计点子列出在表格的左起第一列中。

(3) 评估设计方案。对每个设计方案按照评估准则进行打分,在设计方案与评估准则交叉对应的单元格内填写相应的分数。

(4) 计算比较总分。对每一设计方案进行不同维度得分的和计算,并记录在表格最右侧一列中。将总分最高的设计方案同其他方案进行对比,以决策获得可进入原型测试阶段的方案。

2. 案例:ATM 创新思路分析

在一个自动柜员机(Automatic Teller Machine,ATM)创新设计项目中,经头脑风暴和限制法后获得了大量的点子。这些点子在经收敛后最终形成了四个设计方案,设计团队决定采用抉择矩阵进行进一步的分析投票。

首先,针对"为银行产生潜在回报"这一目标,设计团队拟定了初步的方案评估准则:所在机会领域的发展前景(C1)、设计方案对产品或服务属性的影响(C2)、所解决问题效度(C3)以及设计方案的创新性(C4)。

其次,设计团队在表格中列出了四个方案,并设置了细化的方案评估准则,如表 4-1 所示。然后,团队针对每一方案进行打分,所得到的平均值填入对应的单元格内。

表 4-1 ATM 创新设计方案抉择矩阵

方案	方案一	方案二	方案三	方案四
C11(机会领域的发展现状)				
C12(在机会领域的表现汇报)				
C21(影响范围大小/改动成本)				
C22(审美度提升)				
C23(功能性提升)				
C31(对应解决设计问题的发生率)				
C32(对应解决设计问题涉及的目标受众占比)				
C41(创意度)				

最后,结合利益相关者的建议,团队为不同评估准则分配了权重,并由此计算出了每一方案的总得分,取得分最高的两个方案进行了原型测试。

4.5　第四阶段:原型

4.5.1　原型的概念

制作原型是创意从构想到落地的过程中非常重要的一个环节。设计方案可以被转化为设计假设,而验证假设的重要工具则是原型。创建一个初步的产品模型对设计点子进行测试、验证,反复地修改、迭代是这一阶段的主要任务。

1. 制作原型的原因

一般地,制作设计原型并进行测试主要出于以下几点原因:

(1) 验证设计点子的可行性。停留在脑海中的想法是很难验证的,设计原型能够避免团队长时间处于纸上谈兵的状态。通过制作设计原型,团队可以快速验证他们的设计想法是否可行,从而避免不必要的工作和错误。

(2) 了解设计点子对用户需求的满足程度。具体化的设计方案能够使人对其进行操作、产生行动,从而了解方案对关键问题的解决程度。通过创建与测试原型,团队能够更好地了解用户的需求并理清各种疑问。这有助于团队更好地满足用户的需求,提升产品的质量和受欢迎程度。

(3) 交流沟通深化设计点子。设计方案仅仅在脑海中时,花很多时间讨论是很难让人看到问题的真实状况和细节的。停留在脑海中的想法很难进一步验证,当想法具体化后,人可以对其进行操作、产生行动,让团队中每个人更好地理解设计意图并做出贡献。

(4) 降低设计研发成本。如果花费大量时间、精力在探讨问题和方案上,是很难看到问题所对应的真实情况和细节的。细节往往决定成败,通过测试原型的效果,团队能够在开发前发现实际状况下可能会出现的问题,从而减少后续开发的成本。

2. 低保真度原型和高保真度原型

从根据原型所呈现出的外观和交互程度来划分,原型可以分为低保真度原型(Low-Fidelity Prototype)和高保真度原型(High-Fidelity Prototype)。前者通常采用瓦楞纸、超轻黏土、手绘线框图、便利贴或简单的软件工具制作,其目的为构建一个简易的模型进行测试。后者通常采用专业的设计工具或开发软件制作,完全模拟最终产品的外观、功能和交互,能够更好地展示最终产品的视觉效果、模拟用户体验。两者之间的区别主要表现在:

(1) 外观:低保真度原型只能大致表现产品的外观特征,而高保真度原型则更加逼真。

(2) 功能:低保真度原型通常是核心功能或目标设计功能的简单实现,而高保真度原型则可以更详细地展示产品的所有功能。

(3) 交互:低保真度原型通常只包含一些基本的交互元素,如按键、输入框等,譬如使用矩形镂空的瓦楞纸板和写有不同信息的纸张充当屏幕输入框;而高保真度原型可以模拟更多复杂的交互效果,如按键的触感、App 交互的滚动和下拉菜单。

为了完善设计方案,优化用户体验,增加产品的可用性和吸引力,原型需要不断迭代以发现并解决存在的问题。在具体实施时,考虑到项目进度和项目资源,可先采用低保真度原型进行设计点子的验证和迭代,后采用高保真度原型进行更细节的设计和测试。

4.5.2 原型的制作

1. 制作原型的材料

原型的制作可以考虑专业材料或任何手边适宜的材料,其具体选择取决于原型所需精度、复杂度、成本和制作时间等因素。常用的原型制作材料有:

(1) 模型泡沫。在工业设计产品原型制作中,常用到聚氨酯(PU)泡沫和聚苯乙烯(EPS)用以制作产品样机或原型。PU泡沫材料可以使用切割刀、电热切割刀、热风枪等工具进行切削或局部热处理。EPS泡沫可以使用锯进行大体切割、使用砂纸进行局部打磨,在处理完成后可以根据需要上色并再次打磨以使表面光滑。由于两种材料在切割或打磨处理时会产生大量细小颗粒物,易被人吸入肺部,因此在操作时应佩戴器具以保护人体肺部。

(2) 超轻黏土。超轻黏土是一种由泡沫珍珠或聚苯乙烯颗粒填充构成的材料,混合橡胶、黏土和水加工制成。这种材料质地柔软,可塑性极强,能够轻松地塑造成各种形状。干燥后会硬化,而加水后则可再次塑型。通过混合不同颜色的黏土,可以获得各种不同颜色的成品。

(3) 瓦楞纸板。瓦楞纸板是一种由面纸、瓦楞芯和背纸经过黏合制成的复合材料,具备质轻、强度高、环保等特点。其可以通过裁剪、折叠、挤压等方式进行加工处理,在插接、黏结等结合作用下,形成各种形状。为了辅助说明或者装饰,可以使用A4纸片、贴图等材料。

(4) 绘图纸、笔。在制作应用程序界面原型的过程中,可以使用手绘线框图的形式进行表达。然而,在当今计算机软件日益发达的现代,人们也可以使用Sketch、Adobe XD、InVision Studio、Figma等软件或在线应用程序来完成原型的制作。

2. 制作原型的工艺

(1) 3D打印。使用计算机辅助设计软件制作数字模型原型,完成后将其转化为特定格式以便3D打印机进行读取,进而将3D打印材料转化为立体原型。目前市场上提供的3D打印设备包括立式3D打印机、桌面3D打印机以及3D打印笔等。使用3D打印笔进行制造需要具备更强的动手能力和一定的三维想象能力。

（2）CNC加工：首先使用计算机辅助设计软件（CAD）或其他软件进行矢量路径设计。一旦设计完成，需要将其转换为计算机数控（Computer Numerical Control，CNC）机器可读取的特定格式，并利用不同样式的刀头结合路径进行切割来完成原型部件的制造。切割后的部件可以通过插接、套接等方式完成组装。

（3）手工制作。手工制作是一种传统而经济的方式，它可以为原型带来更多的艺术感。与使用计算机辅助设计（CAD）和数控机床（CNC）相比，手工制作原型需要更少的设备和材料，因此其成本也相对较低。此外，手工制作原型可以让设计师直接与材料互动，根据自己的感觉进行调整，从而帮助他们更加深入地理解产品的特点，并在制作过程中获得更多的创意灵感。

3. 制作原型的步骤

在进行原型制作时，应当遵循简单、快速、低成本三大原则，以便能够迅速促进修改和迭代。通过保持一定的迭代速度，有助于维持思维的流畅性，进而提高原型设计的质量。一般地，制作原型的步骤通常包括五个阶段，具体为：

（1）确定原型类型。根据需求、项目的不同，选择合适的原型类型及制作材料、工具，譬如低保真原型或高保真原型。

（2）拆解设计方案。对于较为复杂的设计方案，可将其拆解为小的、便于制作以供测试的部件或区块设计方案。譬如，在一款电饭锅小家电原型设计中，主要测试的有旋钮和按键控制、功能交互，所以可以拆分为：带有旋钮和按键的电饭锅外壳原型、显示屏原型。

（3）方案结构设计。对于界面交互类原型，应当设计信息架构和页面布局，确定页面之间的关系和交互流程。对于实体产品原型，应当设计产品结构。对于智能产品而言，往往产品结构和界面交互的信息架构均会涉及。

（4）交互元素设计。在结构的基础上，设计交互元素以模拟用户同产品的交互过程。譬如按键、滑动条、信息显示框等。在交互界面的初期发展阶段，其设计常常会参考实体产品的交互元素。然而随着交互界面的逐渐成熟，实体产品的交互设计同样可以汲取交互界面中的元素设计之长。

（5）完善原型细节。在添加了基本的交互元素之后，需要完善原型的细节，使得原型更加具体化、真实化。譬如文本信息提示、图片、颜色、动画效果等。在开发低保真原型时，此步骤并非必要。

在原型制作过程中，应当注意每次只验证一个设计点子的可行性，避免制作一个兼具两个设计点子的方案——这样会导致无法确定哪个设计点子起到了关键作用。对于较为复杂的设计方案，譬如服务原型，可以进行拆分后分别针对拆分后的区块进行原型设计与制作。

4.5.3 故事板

1. 故事板的概念

故事板(Storyboard)是一种影视制作工具,它通过一系列连续的图像或绘画来规划和表现电影、动画、广告等影片中的节奏、场景、动作和角色,也被称为"分镜头"。除了电影、电视和动画制作领域,故事板在设计领域中也有着广泛的应用。通过静态框架如图画、拼贴等叙事呈现,让观看者了解使用场景、产品与服务体验、使用流程。故事板可以用于探讨产品或服务现状,也可以用于在原型制作阶段呈现改进后的效果,以进行可视化的对比。通常,故事板包括以下信息:

(1)场景描述:背景、地点、主要设计对象等。这些信息有助于观看者了解设计场景,进入场景化思考模式。

(2)行动描述:任务、行为、路线等。这些信息有助于观看者了解用户的主要任务流,以及为达成某一任务所做出的行动。

(3)语言描述:对话、思考等。这些信息有助于观看者更好地了解用户的心理活动,理解设计方案解决的关键问题。

(4)解决方案:触点、反馈等。通过描述产品或服务的触点以及同用户发生交互后的反馈,展示设计解决方法。

2. 故事板的制作

一般地,故事板的制作过程包括以下几个步骤:

(1)准备阶段。确定问题与解决方法、使用情境。明确故事板所主要突出的问题,以及相应的解决方法。确定用户将在哪些情境下使用产品,并列出其中典型的、经常发生所对应解决问题的情境。

(2)发散阶段。按照确定的使用情境、问题及使用方法设计故事线,对故事内容进行发散。具体地,需要明确故事主要人物、发生时间、发生地点、人物行为、行为原因以及人物情感。

(3)收敛阶段。在发散阶段结束后,可以获得多条可供绘制故事板的叙事线,需要选择其中能够充分说明信息、连贯性好的叙事进行进一步拓展。

(4)绘制阶段。在前面的步骤中,已经完成了对人物特征、行为目标、行为情感以及如何应用解决方案、应用效果如何的探讨。整理这些信息,并通过手绘(如图 4-2 所示)或数码绘图等方式绘制故事板。

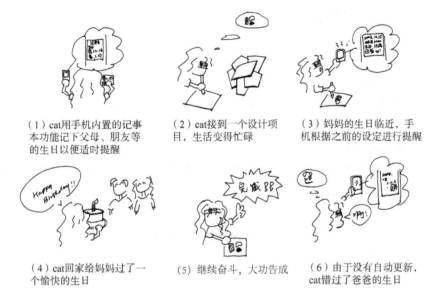

图 4-2 故事板绘制案例：遗忘生日

在测试阶段，使用者完成原型测试后，可以对照故事板收集用户反馈：用户是否认同故事板中的问题定义和情节脉络？解决方案是否起到了故事板中所描述的效用以及效用如何？

4.5.4 服务型方案的原型设计

服务设计需要跨越多个学科领域，涉及用户研究、市场分析、产品设计、业务流程、信息技术等多个方面。与此同时，服务设计通常涉及多个不同的利益相关者，这些利益相关者可能有不同的目标、优先级和利益。因此，在服务设计项目规模、范围较大时，服务设计的复杂性也随之增加。然而，服务设计方案的进行同样具备以用户为中心、迭代式设计过程的特征。人们可以将服务原型设计是对解决方案在服务所涉及的材料、环境、交互等每个接触点（Touch Point）行为和感知的模拟，具体可以分为接触点背后的服务系统框架设计、接触点本身的体验设计。

在具体的原型设计中，应当以营造流畅的、动态的体验为测试目标，计划整体的框架以及接触点。对于接触点的设计，应尤其注重在接触点上用户同系统的交互设计。具体地，服务设计原型的制作一般包含下面的步骤：

（1）确定原型的类型。根据服务设计项目需求确定合适的原型类型，如线框图、用户旅程图、故事板等。

（2）整理前期资料。整理前期调研资料，提取典型用户的特征、业务流程、用户故事等。

（3）确定应用情境。根据资料确定服务项目主要应用的情境和相关情境。

（4）设计接触点。可以采用思维导图或头脑风暴等方法整理应用情境中的接触点，并分析探讨是否可以构建新的小元素或压缩多个接触点，以提升服务体验。

（5）探析用户行为情感。在服务项目中应用设计方案，探析用户在体验流程中的行为和情感体验。

（6）制作输出原型。在这一步骤中，可以通过可视化的形式来表达原型，譬如用户旅程图、系统架构图等。

4.6 第五阶段：测试

4.6.1 测试的概念

测试是设计思维五步法中的最后一步。在这一阶段，设计团队会对解决方案原型进行真实用户测试和评估。通过用户反馈，设计团队能够更深刻地了解用户对产品或解决方案的看法和建议，获得对用户的深层次理解。为了剔除不合理和错误的想法和解决方案，测试应尽早进行。一定程度上，及时的原型测试甚至可以协助解决团队对方案的不同意见和纷争。快速创建原型并进行测试有助于明确方案推进的方向和敲定方案实施的细节。在设计过程中，测试阶段所收集到的反馈内容具有多种应用：它能够让我们更深入地理解产品用户的需求和感受，提高人们的共情能力；它也能够带来深刻的见解，改变人们对问题和需求的认知方式；此外，它还能够激发人们产生新的构思，并推进原型的迭代和改进。

设计思维作为一个非线性的过程，并不是随着项目的进展而采取的连续步骤。相反地，它可以是项目的每个阶段（并行或循环的方式）都采用的模式。测试阶段也同理，它可以应用于设计的各个阶段，甚至可以引发产品设计从共情阶段的全新迭代。譬如，如果用户对结果不满意，则需要整合测试阶段的结论来构建一个新问题，并以用户反馈的形式再次进行测试。如果仍然无法获得积极结果，那么就需要重新迭代。因此，测试阶段并不是设计过程的终点，而是一个不断循环的开始，为设计思维的各个阶段提供动力和启示。

4.6.2 一般测试流程

在设计思维五步法中,最后一个步骤"测试"可以分为前、中、后三个阶段。这三个阶段的具体内容如下:

(1)前期策划。在测试前期,首先回顾原型制作所依赖的假设或要达到的核心目的,以确定测试的主要目标,譬如希望了解什么样的信息;其次根据测试的目标来思考测试时的脉络,包括但不仅限于环境、使用者同设计点之间的互动、测试方法的选择等,梳理确定测试流程,明确测试的重点和关注点,制定测试计划;最后思考如何捕捉和记录使用者的反馈,最大化利用的记录整理测试结果。

(2)中期观察。在测试的执行阶段,需要对产品原型进行测试和观察。这一阶段团队分工包括主持人、观察员、互动者三个角色。主持人通过把原型展示给互动者,来检查解决方案是否达到用户需求,是否有遗漏、是否需要改进等。主持人应当让测试者独立体验原型,避免过度解释原型是如何工作的或者是如何解决问题的。观察员应当仔细观察用户如何使用原型,而非尝试纠正用户的某些"不正确"的使用方式——这正是宝贵的学习、改善问题的机会。测试的方法和工具需要根据产品的特点和测试目标进行选择和应用,譬如可用性测试、用户调查、A/B测试、用户行为分析、焦点小组讨论等多种方法,掌握产品的使用情况和用户反馈,并尽可能模拟真实使用场景,发现潜在的问题和改进机会。

(3)后期迭代。在测试结束后,需要检查和总结测试结果和反馈信息,依据收集到的反馈信息修正和优化设计方案,提高用户体验和商业价值。对于每一个设计方案的原型检查,可以从回答两个问题入手:设计假设是否正确?设计方案是否恰当?这一过程需要与研发团队、设计团队和业务人员紧密合作,理解用户反馈和市场需求,制定改进计划,并对产品进行持续的测试和评估。同时,还需要建立测试结果的追踪和记录机制,以便在未来的版本中参考和应用。

在测试阶段结束后,设计团队将能够更好地了解产品内部的局限性和目前的问题,对用户同终端产品的互动过程中的行为、想法和感受有一个更全面的理解。

4.6.3 反馈捕捉网格

在测试阶段,对于反馈信息的全部记录和不遗漏至关重要。为此,人们可以使用反馈捕捉网格(Feedback Capture Grid)这一工具来收集和整理用户的反馈意见。反馈捕捉网格以结构化的形式呈现出用户的反馈和见解,从而辅助人们更好

地了解用户的需求和期望。具体地,反馈捕捉网格由四个象限组成,每个象限代表不同类型的反馈:

(1) 正面反馈:表示用户喜欢的方面和优点。

(2) 负面反馈:表示用户不喜欢的方面和缺陷。

(3) 问题反馈:表示用户遇到的问题和困难。

(4) 建议反馈:表示用户提出的改进建议和意见。

在测试过程中,用户可以针对这些方格提供相关反馈。测试人员可以在用户反馈时或观看测试录像时通过便利贴等形式进行填写归纳。这样做有助于设计团队更好地了解用户的需求和想法,并可在下一轮迭代中进行修改和改进。反馈捕捉网格的使用流程一般为:

(1) 在测试开始前,准备好反馈捕捉网格的纸张或文档,划分四个象限区域并备注区域名称和简单介绍。

(2) 在测试过程中,在相应象限记录场景及捕捉到的内容,记录示例:用户在使用 App 主页面的时候,感到困惑……过程末的谈话中,可以适当将对话主题引向目前没有收集到足够信息的象限。

(3) 在测试结束后,对相似的反馈信息进行聚类,并根据问题和建议的情况决定是否进行头脑风暴会议。

(4) 在头脑风暴会议中产生的新想法可以整合到原型中,这一步骤的进行取决于上一步骤的决定。

(5) 不断迭代原型以获得最佳解决方案。

第 5 章 突破性设计思维

5.1 设计思维与产品

5.1.1 产品的原动力

1. 产品开发的挑战

产品开发是一项令人兴奋的工作,但它不是拍拍脑袋就可以完成的。产品开发需要详尽周密的计划,在开发初期就要考虑开发过程中每一个环节可能出现的问题。在开发初期,设计师、工程师和市场分析师就应对产品的定位与需求达成一致,共同制定产品规划。在开发过程的最初阶段,只有较为完整、全面的模糊预结构才能支撑起突破性产品开发的复杂框架。很多企业在产品开发时急于进入加工制造与质量控制环节,希望通过缩短方案前期的时间,尽早通过市场进行试错。这样操作无疑是一种赌博,而且经常以失败告终。不仅会造成时间与资金成本的浪费,更可能对品牌形象造成负面影响,甚至削弱投资者的信心。

企业追求的是利润的持续增长和公司内部架构的稳健发展。这就要求产品在品牌上保持一致性,维持长远优势。企业在进行产品开发时,需要考虑以下问题:

(1) 如何让设计、工程、市场等部门进行有机结合,为用户或客户创造有用、易用、理想的产品;

(2) 不断寻找市场的机会点,对现有的服务或产品进行改进或创新;

(3) 如何做出能让用户感受到自身价值的产品或服务;

(4) 如何让功能、造型、材料、技术等要素进行有机结合;

(5) 如何确保在创新和保障质量的情况下缩短开发周期;

(6) 在开发前期进行充分的调研,做出合理的技术定位,以规避后期可能面临的潜在风险;

(7) 定期对已有产品进行维护与更新,建立良好的品牌形象。

企业中的所有阶层和相关职能部门人员,都要对即将开发产品的潜在特性和市场能力有相同水平的认识并共同努力去实现它们。一个产品是否成功不仅体现在用户对使用体验是否满意,也体现在其开发团队是否对当前所共创的产品具有强烈的满足感与认同感。

2. 突破性产品的定位

随着生活水平的提升,用户对产品体验的预期也在不断提高。20世纪90年代初,世界各地的企业大多把提升技术水平、提高产品质量、引领新潮流作为产品创新的目标和原动力。从21世纪初开始,产品开发的重心已经逐步从开发后期的质量和技术管理转移到开发前期的设计。产品要和消费者的价值观有机地联系在一起,否则就会失败。

用户需要的不是简单完成一项任务的工具,而是能丰富生活体验和提升生活品质,而且能将这种体验与对生活的期望关联起来的产品。比如开卡丁车时感受到竞速的刺激感和像职业赛车手一样的身份感,修剪草坪时感受到的满足和成就感,烘烤面包时享受到的幸福感和满足感。好的产品都能最大程度地满足人的情感需求。"形式服从功能"已被"形式与功能共同实现梦想"的观念取代。

成功的产品都具有某种特定的价值,这种价值像纽带一样将产品和用户紧密关联在一起,从而提升了产品的竞争力。无论什么类型的产品,观察它们的定位图都可以发现,成功的产品通常都出现在坐标值最大的右上方区域。以造型和技术的产品象限定位图为例,如图5-1所示,价值最高的产品出现在造型与技术完美结合的右上象限。这是企业不断争抢的位置,是产品开发的终极目标。所有突破性的产品都在这个象限内。设计出这样的产品并不容易,本章的学习将找到合理的方法和手段,帮助人们将设计"移动到右上角"。

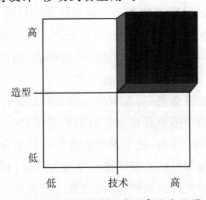

图 5-1 造型和技术的产品象限定位图

3. 产品-服务生态系统

产品和服务既有相同点也有不同点。从商业角度将两者割裂考虑显然是不明智的选择。只有将产品和服务构建成一个有机的整体才能实现经济利益最大化。产品可以看作是一种为丰富和完善人们的体验而提供的一种服务设计。某种程度上来说,企业就是通过为用户提供某种"服务"而盈利。施乐(Xerox)公司生产打印机和复印机,同时提供文件制作服务,是一个"数字文件公司"而不是一个设备制造公司。服务能够在产品支撑的基础上完善人们的体验。车企的核心业务不只是生产和销售汽车产品,还有更多的配套服务。比如通用汽车公司,它的主要业务是生产汽车,但它的主要利润来源之一却是购车的贷款服务。产品和服务成功的主要因素是相同的,都需要理解用户期望的消费者体验。这种理解可以帮助人们更好地进行产品和服务设计,改善人与物、人与自然或人与人之间的互动体验。

要将对用户的理解转化为产品或服务是一件困难的事。一个成功产品的开发,背后所需的人力和物力成本是巨大的,过程复杂,也是为什么许多产品未能取得成功的原因。虽然对企业而言,服务宗旨、发展战略、企业形象推广等都很重要,但这些不能从根本上提升产品或服务的竞争力。用户与产品或服务的互动才是核心。

要做到三点才能最大程度上确保产品成功的可能性。第一,要有洞察产品机会的能力。随着社会的发展、技术的变革,新的产品机会不断涌现。这些新产品不仅要解决现有问题,改进解决方案,还要为新的体验创造可能性。第二,要有能深刻解读用户需求并把它们转化成合理的、切实可行的产品属性的能力。根据这些产品属性来确定产品的功能和设计造型。一个成功的产品,它的功能一定是消费者认可的,认为它有用的、好用,它的造型一定是消费者接受和喜欢的。成功的产品是消费者希望拥有的。第三,要做到工程、设计、市场真正的协调统一。三者要互相尊重、相互支持、相互促进、有机结合。上述三点是突破性产品开发的基础。实际上,一个企业如果能做好其中一方面就已经很不错了。成功的企业通过整合更多的用户意见,更有效地招募和组织团队,进而探索出将传统产品开发模式转型为新产品开发实践的途径,从管理战略上"移到了右上角"。

有些企业尝试运用"以用户为中心"的交叉领域团队方法,却没有彻底、真正地执行。在他们的产品开发过程中,通过大量的用户调查报告来获得用户特征。这种纯粹数字上的调查却只能提供有限的、低价值的参考。企业要想成功,绝不能依赖单一的市场、技术或设计。强大的竞争力是工程、设计、市场等各个部门的协调统一共同创造出来的。企业不能只根据数据来开发产品[19]。相比于依靠统计数据的量化分析,定性分析方法更能了解潜在用户和产品机会。面对这一新趋势,企业需要在孵化产品之前先察觉到产品机会,并且综合运用多种手段真正了解用户倾向和不断变化的需求来进行技术革新。

4. 洞察产品机会:SET 因素

洞察产品机会缺口需要可以通过对社会变革(S)、经济趋势(E)和技术创新(T)三个主要方面进行综合分析研究来实现,如图 4-2 所示。

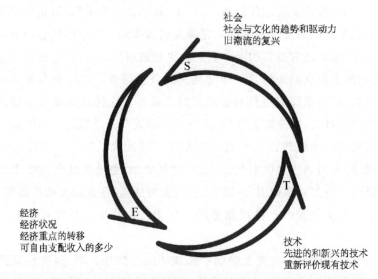

图 5-2　对社会-经济-技术(SET)因素的审视可导向产品机会缺口

社会因素(Society)包含文化因素和政治因素、家庭因素、健康因素、娱乐因素、工作环境因素等所有社会生活中相互作用的因素。经济因素(Economy)指人们的购买力水平。整体经济发展趋势、燃油价格、原材料成本、银行贷款利率、投资风险、股票和期货市场行情以及消费者实际的可自由支配收入等因素都会影响购买力水平。技术因素(Technology)是指新技术和新科研成果的运用,以及这些技术所包含的潜在用途和价值。

SET 因素分析的目标是通过识别新的趋势,找到与之相匹配的合适的技术和购买力,从而开发出新的产品或服务。例如:苹果公司早期的一体式计算机,通过使用糖果色的透明塑料壳体,让产品安装起来毫不费劲,一体化设计让原本复杂的外露线路也得到了很好的管理。在当时,很快被认为是一种比其他计算机更好用也更有趣的计算机,填补了产品机会缺口,取得了重大的市场突破。

5. 产品机会缺口和 SET 因素案例分析

星巴克(Starbucks)是一个典型的服务型企业。下面通过 SET 因素分析探究下它是如何达成巨大市场成就的。

星巴克的发源地西雅图的天空总是灰蒙蒙的,四季凉爽。由于地理原因,当地人上班需要换乘,早晨通勤的疲劳不可避免。许多人都选择喝咖啡来提神,维持良好的工作状态。作为微软公司的总部所在地,西雅图也是信息时代的一个富饶之地。这些就是西雅图特有的社会和经济因素。

一方面,星巴克的创始人先从伯克利学会了烘焙阿拉比卡咖啡豆的技术,然后又不断地改进烘焙设备,研究如何用水。星巴克的室内设计将咖啡产品的特点和传统咖啡厅的风格进行融合,使用现代的色彩搭配和新颖的图案,配有现代风格的家具。营造出一种友好、让客人感到受到欢迎的氛围。很快,星巴克的服务被一些传统咖啡公司效仿。于是它又将产品线延伸至食品杂货连锁店,并通过添加不同风味的咖啡豆和不同口味的冰淇淋进行了强力反击,保持了自己在市场上的绝对优势。

另一方面,星巴克从每一位顾客出发,逐步建立起了人们对星巴克品牌的认可和忠诚。星巴克将咖啡产品、购买咖啡的体验和饮用咖啡的体验都视为自己的产品,把产品价值与客户关怀的价值关联在一起。这就是为什么星巴克能改变美国人喝咖啡的方式,成为全球知名品牌的原因[14]。星巴克成功的 SET 因素如图 5-3 所示。

图 5-3 星巴克成功的 SET 因素

5.1.2 移向右上角:造型与技术的整合

一般来说,一件好的产品一定具有某种新颖的外观设计以及良好的使用体验。

当用户挑选产品时,很容易被其外观和造型所吸引。良好的使用体验是依托产品自身所具有的技术因素来实现的。因此,产品若想获得成功,那么就不得不考虑造型和技术两方面的因素。成功的产品应是用户心中的"有用、好用、易用"的产品,要让消费者达到较高的满意度。虽然具备造型和技术中某一方面的产品也具有一定的价值,但是这种价值是有限的,这些产品的市场竞争力也非常有限。

1. 造型

造型在字典中的解释为塑造物体所特有的形象,也指创造出物体的形象。产品的造型指的是产品的外在设计在空间中的视觉表达形式[20]。产品的造型包括点、线、面、体、体量等构成要素。设计师需要按照大众的审美要求以及产品的使用方式来选择产品的色彩和线条,使它们更加符合其功能。此外,产品也需要通过造型表达产品的精神内涵,从而传达出符合用户和大众审美的精神。因此,产品的造型还包含了社会、经济、政治、文化的因素,以技术美学的要求为基础,达到内容与形式的完美结合[21]。

产品的造型不仅是外部外观结构的承担者,也是内部功能内涵的传递者。在产品造型的设计过程中,不仅需要考虑产品的外观、使用材质、肌理质感等,还需要考虑产品的功能以及合理性,甚至还要将生产者和使用者的利益纳入考虑范围内。产品造型是产品的载体,一个新造型的出现寓意着一个新产品的产生[20]。新产品的产生过程包括三个阶段:概念化设计问题、设计产品原型、原型设计商品化。其中,概念化设计问题就是创造新产品的过程,也就是创造新造型的过程。

设计师可以被称为产品的"造型师",需要将大众审美与产品功能以及产品所传达的精神完美地进行结合。长久以来,好彩香烟盒采用绿、红两色相间的包装造型设计。罗维对其进行了重新设计,将底色由绿变白,有效地降低了印刷成本。烟盒正反两面的标识刚好被白的底色所突出,给顾客留下深刻的印象。改装后的好彩烟大受欢迎,取得了巨大的商业成功。这个经典的包装形象保持了 40 余年。改装前和改装后的好彩烟如图 5-4 所示。

图 5-4 改装前和改装后的好彩烟(图片引用自 Pinterest)

2. 技术

世界知识产权组织认为技术是制造一种产品的系统知识,是制造过程中采用的一种工艺或提供的一项服务[22]。根据各种技术因素所处的地位和表现方式的不同,技术可以分为生产技术、产品技术和操作技术。生产技术指生产者在制造产品的过程中所应用的知识、能力和手段。生产者依靠这些技术,按照客观规律把材料以一定结构和形式组合起来,制造出具有相应功能的产品。因此,产品设计中的技术就是实现产品功能所使用的方法,包括生产过程中使用的工具、程序和相关设备等。

产品是技术的结果和表现,技术是产品的基础、核心和动力。在产品的设计过程中,无不透露着技术对于功能的影响[21]。一个产品在设计过程中要考虑结构、所需要的材料等因素,这些都与技术有关。无论是传统工艺技术,还是先进的设计技术,都要考虑到产品设计的经济性和实用性。

在20世纪,大部分产品的价值都是以价格为基础的。当一件产品致力于将外观造型和技术因素相结合来满足用户需求时,产品的成本就会上升,价格也会随之上调。随着消费者对于产品市场的逐渐熟悉以及其消费能力的改变,一些缺乏造型设计感和技术支持的产品越来越被大众所排斥。虽然价格因素依然会影响消费者的购买决策,但越来越多的消费者开始选择购买与自己生活方式相匹配的产品。与消费者自我生活方式匹配度越高的产品,其价格的影响力就越小。譬如,刚步入社会工作的群体,他们的工资往往较低,只能用来维持基本的生活花销。因此,此类群体一般不会购买高品质高价格的产品[23]。

奥迪是较早认识到汽车灯具造型会影响品牌形象的汽车厂家。汽车灯具的造型是整车造型设计中将形态与功能结合最为紧密的一部分。设计实践表明,汽车灯具造型的创新与进步是设计与技术双向互动的过程。新的造型创意及设计语言为工程师提出了新的技术挑战,而新型照明技术的诞生也为设计师的造型概念提供了相应的灵感来源和技术支持。通过汽车灯具造型设计,汽车的外观得到了提升,增加了技术感,从而加强了其品牌价值。

3. 造型与技术的发展

欧洲工业产品的造型设计发展最早。工业设计萌芽期是从工业革命的兴起到第一次世界大战爆发。在此期间,工业设计的基础逐步建立,产品造型出现了美与丑的区分,产品的造型因素逐步被大众所重视。随着商品经济的发展,市场竞争越来愈激烈。企业一方面通过使用机器化生产来降低成本,提升竞争力。另一方面通过迎合消费者审美的外观设计吸引他们,从而扩大了市场。

19世纪后期,产品设计建立在技术的革新之上。工艺美术运动曾尝试通过强

设计思维 **基础**

调技术与艺术的结合,反对工业的批量生产,来重新提高设计的品位,恢复艺术设计的水准。20世纪初,包豪斯工艺美术学校诞生,其强调以工业技术为基础,将工业与艺术进行结合。美国的 Harley Earl 受其影响,在通用汽车公司任职时,与总裁斯隆一同建立了汽车设计的新模式"有计划的商品废止制"。他们主张,在设计新的汽车式样时,要计划好后续几年不断更换部分的设计,使汽车的式样最少每两年一小变,三到四年一大变。通过这种方式,有计划地让以往的样式变老,刺激消费者去追求新式样,不断地购买新产品,从中获得巨大的经济利益。这个方法现在苹果公司还在使用。

美国工业设计之父 Raymond Loewy 将流线造型与欧洲现代主义融合,建立起独特的"流线型设计"[24]。"流线型设计"是20世纪30年代很典型的一种产品风格。与现代主义刻板的几何形态相比,流线型设计的有机形态更容易被大家接受。到了20世纪50年代,人们又开始厌倦流线型的臃肿,喜欢舒展的视觉感受。于是出现了一种具有时代特征的直线加大曲率的造型。20世纪60~70年代,随着科技的进一步发展,特别是大批新材料、新工艺的出现,从制作工艺上又对产品造型进行了精炼。于是出现了方直的矩形及后来以斜破直、以动破静,打破方直一统的梯形造型,活跃了视觉艺术的气氛。

与此同时,消费者的消费模式也开始慢慢发生了变化。苹果公司发布的 Mac 系列击败了 IBM 公司的产品。20世纪80年代后,模集成电路、数控、微机、机电一体化等技术日突飞猛进,塑料电镀、工程注塑等新工艺层出不穷,工业得到了快速发展。人们开始追求高科技产品。几何体造型、简洁明快的布局、理性美自然而然地引领了现代产品造型的时尚。1984年,苹果发布了第二代苹果机 Macintosh。它是世界上第一款拥有交互式图形界面并使用鼠标的个人计算机。那时,微软公司还在主打必须通过输入命令让计算机实现操作的 DOS 系统。同期,日本汽车开始抢占美国市场。石油输出国组织(OPEC)为打击西方国家对对手以色列的支持,宣布石油禁运,造成西方国家油价上涨。伊朗政局的动荡,导致伊朗产油量巨减。这两次石油危机导致美国 GDP 下降约 8%。美国从政府到民众,对于使用节油性汽车的呼声越来越高。日本汽车抓住了这一机会,以省油、便宜等特点,逐步挤入美国市场。随后,他们不断根据美国各地的实际路况、美国人身材的特点等,改进汽车,提高质量,占据美国市场。

现在的产品对造型设计有着越来越高的要求。产品外在视觉形态可以揭示或暗示产品的内部结构,明确产品的功能,使人机界面变得简洁、易于理解,从而降低用户对产品操作的困惑。明确的视觉形象和具有象征意义的形态设计可以给使用者传达更多的文化内涵,达到人、机、环境的和谐统一。如今的产品不能仅凭借造型与服务抢占市场,造型与技术的结合是唯一的办法,移向右上角就是造型与技术的价值统一。

4. 定位图

使用横轴为造型,纵轴为技术的象限图可以对同一领域中不同的产品进行定位,如图 5-5 所示。图中,第三维度表现的是价值,主要存在于右上角象限。四个象限代表了产品设计在造型和技术上的不同定位。如果想将这个产品打造为市场中的领导者,获得利润最大化,那么就应该选取右上角象限,因为右上角的产品实现了造型和技术的完美结合。

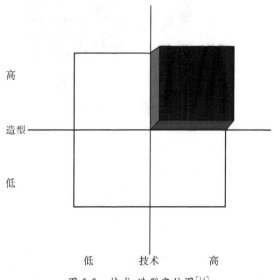

图 5-5 技术-造型定位图[14]

左下角:粗糙的造型、低级的技术

象限中的左下角中的产品是典型的低质量产品,是所有产品中较为低端的。这些产品多是应用了已经存在的技术和粗糙的造型设计,是市场中极不起眼的普通产品,没有自己的个性化设计,甚至已经是过时的产品。这一象限中的产品多用薄利多销的销售手段用来提升产品的利润。这类产品所针对的用户群体多因其极低的价格选择购买,而不注重产品的品质[14]。生活体验、产品特色和人机工程效用在这些产品上体现得最为微弱,如图 5-6 所示。

右下角:粗糙的造型、高级的技术

右下角象限中的产品是由技术驱动的,多以产品的技术因素作为产品的主要竞争力[25]。此类产品的营销,多以忽视对于生活方式的影响以及通用的人机工程效用,主要以突出产品技术为手段。此类产品所处公司或企业愿意为高新技术付出较高的学习成本。但是,以技术为驱动的产品若想向消费市场进军,就必须要想办法移到象限图的右上角。譬如,IBM 公司和惠普公司都是右下角最成功的公司,其技术标准在业内都是高水平的。然而,两者的销量都曾经败给了苹果公司,就是因为其产品造型和人机之间的关系太复杂,易用性远低于 Mac OS。

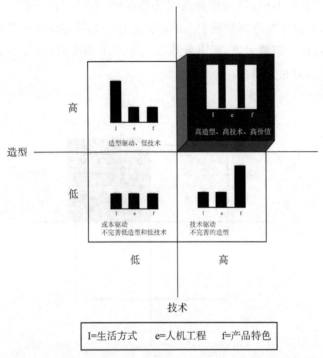

图 5-6　显示生活方式、产品特色及人机工程效用定位图[14]

左上角:精致的造型、低级的技术

左上角象限中的产品是由造型驱动的。一个具有优秀外观设计的产品会很快吸引到用户的注意力,从而引发用户的购买欲[25]。但是,在左上角象限中的产品虽极力探索美学与艺术方面的因素,却忽视了人机因素的应用和核心技术。消费者在使用过后会很快意识到该产品技术上的短板,这些公司经常为了表现自我特色而牺牲使用价值。这种产品多见于以品牌设计师为主导的行业,以追求造型和艺术设计为驱动力,多以新奇的外观吸引使用者。虽然在市场竞争中,良好的外观设计很重要,但是此类象限中的产品由于其技术和质量的无法保证,很难再次得到消费者的喜爱。

右上角:精致的造型、高级的技术、极高的价值

右上角象限中的产品很好地结合了造型和技术因素,将造型和技术最大化,增

加了产品最终成功的价值因素,提升了产品在市场中取得成功的可能性。艺术美学和科学技术的结合,使得此象限中的产品不仅拥有先进技术,还同时具备了良好的造型设计,最大程度地满足了消费者的需求。这类产品往往在市场中处于领导地位。在产品设计的过程中,可能应用了较高的成本,但是丝毫不会影响产品的销售。因为其精致的造型、高级的技术以及极高的价值往往给消费者高品质的体验,会被消费者所接受,甚至期待拥有它们。消费者宁愿付出比其他象限中产品更高的价格来购买它们。

"移向右上角"是所有产品最终的目标,如图 5-7 所示。根据定位图,企业可以判断出自己的产品与其他产品之间的区别,从而找到机会点进行突破。

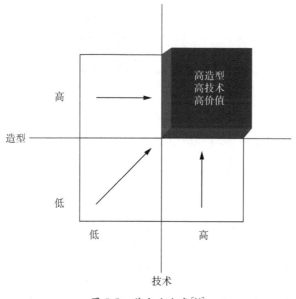

图 5-7　移向右上角[14]

5. 星巴克定位图案例分析

星巴克是北美首屈一指的咖啡零售商,其最大的贡献就是将世界上最不起眼的商品发展成为具有极高附加价值的品牌。星巴克打造的不仅仅是优质的咖啡,更是将一种服务带到了用户面前。它以消费者的需求作为基础,将以产品为中心转向以服务为中心,后又将服务转向为体验。星巴克的成功同样可以利用定位图进行分析。

在星巴克出现之前,当时最流行的见面地点是位于象限左下角的小餐厅或者小咖啡店,如图 5-8 所示。低廉的价格和粗糙的装修足以满足那些寻求以聊天和喝咖啡的方式度过下午时光的人群。对于追求稳定咖啡质量和较低价格的人群来说,快餐店里的咖啡就足够了。但是也正由于其粗糙的外观设计,使得快餐店并不具备使人放松和进行轻松愉悦交谈的环境。而在处于象限右上角的高档餐厅中,其高质量的咖啡以及精致的装修导致其高昂的价格。虽然可以为用户提供良好的氛围,但是对于单纯想和友人聊天的用户来说,价格令人忧虑。这对于他们来说显然不是最优解。

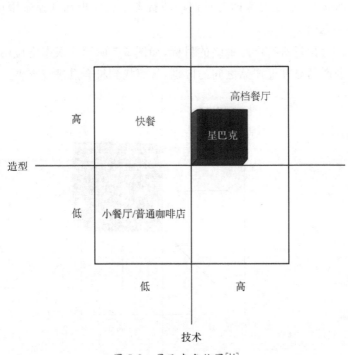

图 5-8　星巴克定位图[14]

星巴克注意到了带着电脑喝咖啡的人群身上的商机,提出了全新的咖啡店概念。董事长 Howard Schultz 将星巴克定义为"第三空间"。第一空间是家、第二空间是办公室,而星巴克则介于两者之间。位于右上角象限的星巴克为用户提供了稳定的咖啡质量和舒适高档的沟通环境,因此,星巴克可以赢得咖啡市场的青睐。

5.1.3　右上角:用户价值与产品机会

兼具造型和技术的产品自身被赋予价值,第三个维度的价值因素由此产生。但为了赋予产品价值,将产品移至右上角象限并不能通过简单将造型专家和技术专家聚在一起来实现。赋予产品价值需要企业的战略性投入并使用以用户为中心的 iNPD（整合新产品开发）设计流程。当然，并不是说单纯以造型或功能为特征驱动的产品提供不了价值，但产品开发是一个持续的过程，会不断地将产品推向右上角，达到造型、功能和人机效用三者间的最大平衡。所以，需要确定一个满足期望、能够实现要求和愿望的重要价值等级[14]。右上角第三维度如图 5-9 所示。

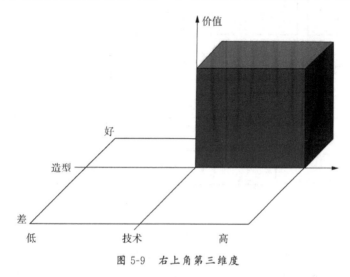

图 5-9　右上角第三维度

把价值分解为能将产品的功能特征和价值联系在一起的可用性、易用性和被渴求性等具体的产品属性。当用户享受由产品带来的某种体验时，这种体验越舒适，产品对于用户的价值就越高。产品应该通过自然的、愉悦的方式帮助用户解决某个问题或完成某项任务。价值机会（Vaule Opportunities，VOs），包括七种类型，分别是：情感、美学、个性形象、人机工程、影响力、核心技术和质量[14]。产品可以这七个方面的提升自身的价值。这七种属性的价值机会影响着总的产品体验，并且与可用性、易用性、满意度等产品价值特性联系在一起。由于不同的需求会对人们购买和使用某种产品产生影响，价值机会的七个属性也会随需求变化。同时，对于价值机会的解释依赖于其所在环境下的 SET 因素，对于一个群体无关痛痒的产品属性可能对另一个群体至关重要。

人机工程、核心技术和质量这三种价值机会都强调在产品使用过程中用户的满意程度。社会及环境的影响力、产品形象和美学价值机会则强调消费者的生活方式。用户在使用产品过程中的心理体验往往与情感的价值机会息息相关。这七种价值机会属性共同作用，给出了右上角的第三维的定义，即价值。进一步考察，会发现产品以不同的方式被每个因素所影响。此外，每个价值机会都被分解为一系列特定的价值属性。这种分解会根据需要的不同，更加细致、深刻。以上列举的几项价值机会都是最基本的，能够在大多数的产品价值机会分析中应用。当然,所有在象限中的产品机会不一定都被居于象限右上角的产品所包括,如果产品包含越多的价值机会属性,它处于右上角的位置也就越稳固[14]。价值机会图表如图 5-10 所示。

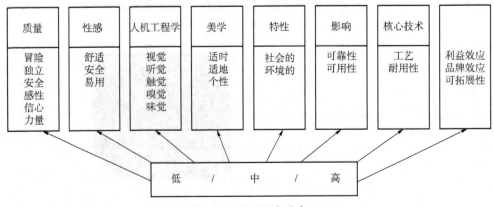

图 5-10 价值机会图表

那么,产品以何种方式才能成功地移向右上角呢?这里用上面显示的价值机会图表来进行评估。图表中列出来每一种价值机会类别以及它们各自的属性,用低、中、高三种程度来定性评价每种属性的价值。产品满足一个类别下的属性,就在相应的位置上划线。图片下方的公司利益效应、公司的品牌效应以及可延展性,在某种程度上反映了产品在总体上是否成功。所以它们虽然不是价值机会,但仍然被列入表中。右上角产品可以带来多方面的效益。即使增加产品的成本,但用户仍然愿意为增加的那部分价值买单,公司也可以因此扩大市场份额、吸引投资方并从中获益[14]。这些产品能在公司的其他产品中脱颖而出,获得更高的销量,进而拓展现有的产品线。同时,这些居于右上角的产品具有的价值机会可以直接提升品牌的价值,或者进入新兴市场来拓展品牌形象。需要把团队和管理者的视野与用户的适当反馈相结合,才能做出更合适的决定。如果只有一个公司的产品价格是最便宜的,那么其他公司就只能通过设计来进行竞争。需要补充的是,竞争的公司必须依靠价值一体化的整合设计在竞争中取胜。

象限中的右上角产品能引领同类产品的设计趋势或者激发出与其相关联的产品线。例如,有 350 多种产品使用了 Good Grips 手柄,其中包括披萨饼切刀、厨房刀具和园艺工具等。星巴克也将产业扩展至与咖啡相关的领域,并已具备了可观的规模。

设计师可以通过产品的价值机会图表来理解产品开发过程中的产品价值机会属性、目标及最终的结果。图表在做竞品分析时也很有用。在价值机会分析中,使用两个图表分别代表原有的产品和即将设计的产品。对价值机会进行比较分析比只考虑单个产品要容易得多。针对目标市场,设计师可以通过总结原有产品的失败原因来发现所设计产品的可改善空间。只是把价值机会扩充为最大化并不能百分之百保证可以开发出位于右上角象限的产品。价值机会的最大化是立足于最终的用户的价值体验上的。而且所有的价值机会要相互配合作用,以创造出完整的体验,而不是一套零散的不同功能的体验集合。设计团队想要完整地开发出一个产品,需要敏锐的观察力和丰富的想象力。设计师只有拥有非凡的洞察力,才能明确产品的最终产出。这种洞察力不局限于观察产品的细节,更应该能够判断出产品的机会缺口。

右上角象限的产品不仅可以起到填充产品缺口的作用,更验证了认识和判断产品机会缺口的 SET 因素分析是否正确。需要注意的是,SET 因素仅反映某一特定时刻下的产品机会缺口,是动态变化的。如果不能及时把握 SET 因素和目标市场价值机会的变化,晚于对手发现新的价值机会并创造出新的产品,那么你所设计的右上角产品可能会变成对手的左下角产品。

不是所有产品的设计都能应用价值机会进行分析。价值机会分析只是为设计师提供了一个可以用来制定产品具体目标的基础。在特定的 SET 因素和产品机会缺口下,每个价值机会属性都要针对所对应的用户和市场来进行说明。开发组必须通过认真地分析来讨论如何将每个相关的价值机会最大化。

如今,各个行业都涌现出满足用户需求和梦想的右上角产品。Crown 公司的 Wave 升降车产品意识到造型和价值的重要性,灰色和黄色的造型、明确的品牌定位以及合理的人机工程设计,使其在同类产品中脱颖而出。Crown 公司的 Wave 升降车如图 5-11 所示。

图 5-11　Crown 公司的 Wave 升降车(图片来源:Crown 官网)

将产品移至右上角的趋势甚至蔓延至一些传统的商用产品中,即使在相对保守的实验设备产业内,也可以通过给产品增加造型和人机工程方面的价值,优化产品的使用体验,使产品脱颖而出。Vista Lab Technologies 生产的移液管被用于多种实验室的工作。通过对产品的造型及人机工程方面的改良设计,为技术人员提供了更加舒适满意的使用体验,使他们的工作更加灵活高效。Vista Lab 移液器如图 5-12 所示。

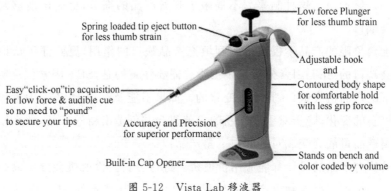

图 5-12　Vista Lab 移液器

5.1.4　突破创造性产品和服务

1. 产品:品牌战略和产品战略

品牌作为一种象征或是一种精神识别,只有加入创新的历练力量,才能够多方位、多层面地参与竞争,才能在日益激烈的竞争市场中屹立不倒,在巩固原有资产的基础上继续开拓领域。在《市场营销学》中,美国著名的营销学者菲利普·科特勒(Philip Kotler)认为品牌是一个比较宽泛的概念,是指让购买者长时间享有品牌方提供的一组有特定特征的利益或服务。而品牌战略就是品牌为了获取差别利润与价值而制定的经营策略,包括对品牌形象、产品定位、寻找差异性、品牌核心价值等多方面因素制定。品牌战略随市场经济中的竞争而诞生,随着在竞争中不断取得优势而逐渐发展壮大。另外,品牌战略的本质是创造出品牌的核心竞争力,以这种方式展示与其他品牌间的差异,进而提升品牌自身的辨识度与独特性,确保品牌能够长远发展。现代营销学之父菲利普·科特勒(Philip Kotler)把品牌的定义描述为一种标识、代号、符号或设计,或者说是它们间排列组合的应用,为了使自己的产品不与竞争对手的产品或服务同质化,并以此帮助购买者辨认出某个或某组公司的产品及服务。

企业针对自己的产品做出了全局性的谋划分析,形成了自己的产品战略。产品战略是企业营销组合中最基础也是最关键的因素,在组合中其他要素的管理和配置都会被产品战略直接作用和影响。它的组成要素包括目标层级确定、战略方案的抉择、筛选分析目标用户、选择合适的竞品并进行分析、给出清晰的产品定位等。此外,要确立产品战略,还应考虑管理品牌自身的资产以及同战略客户的关系,包括在不同生命周期下采取什么样的产品战略,这些因素都不可忽视。要制定经营战略,第一步就要解决产品策略问题,明确为了满足不同用户的不同需求,企业能够提供什么样的产品和服务。这与市场战略紧密联系,是企业经营战略的必要基础。企业要给出独树一帜、质量精良、经济实惠、有竞争力的产品来满足用户的需求,留住用户,扩展市场进而盈利。此外,选择合适的产品供给市场,并使产品最大程度地满足用户的需要,提升企业的核心竞争力,也是产品战略应当解决的问题。产品战略包括产品质量战略、新产品的开发战略、市场定位战略、品牌策略、包装策略、产品组合策略和服务策略等多方面的内容。产品战略是关系到企业存亡兴衰的关键。

2. 服务:公司价值和用户价值

公司价值指公司自身的价值,包含公司有形资产和市场评价(无形价值)资产。用户价值指产品满足了用户哪些需求进而为用户提供了哪些价值。用户价值的要素包括:满足用户的需求、提升任务的效率以及带来创造性的新体验。产品要想达到长期的发展,就要不断提升自身的用户价值。RFM模型以用户最近一次的购买时间、消费频次以及消费额度三个指标来衡量用户价值和用户创利能力。RFM模型的中R(Recency)表示用户在统计周期内最近一次消费距离现在的时间。消费时间越近的客户价值越大。F(Frequency)表示用户在统计周期内的消费频率,购买次数越多代表用户黏性越强,这类用户的价值也就越大。M(Monetary)表示用户在统计周期内消费的总金额,能反应消费者为企业带来了多少利润。消费金额越高,用户价值越大。RFM模型将用户的消费特征动态地展示出来,通过数据为个性化服务提供支持。此外,如果足够了解用户,可以对用户的长期价值给出精准的判断,进而改善RFM项指标,给品牌战略和产品战略的制定提供有力的支撑。

3. 品牌和价值机会

企业品牌管理指创立、维护、拓展品牌的全过程。品牌管理可以调控品牌与顾客之间的关系,并通过这种调控形成自身独特的竞争优势。同时,围绕品牌核心价值的企业行为也会使品牌保持长期的竞争力。品牌管理有四个环节。第一,需要明确品牌的核心竞争力是什么。第二,通过对行业环境的调研与分析,确定自身的优劣所在。第三,掌握品牌的核心价值体系,确立品牌策略与品牌识别。最后,对品牌的形象进行维护和拓展。用户获取信息的渠道非常广泛,他们的需求随着获取到的信息时刻发生动态转变。因此,个性化、差异化的服务已成为维持用户忠诚度的必要手段。要想将品牌长期地维持下去,就要同用户建立紧密且稳定的关系,通过直接的联系来保持他们的忠诚度。

品牌价值是让品牌脱离其他竞品建立自我标识的关键,也是品牌管理要素的核心。如何将品牌自身的价值差异化并建立竞争优势,是品牌价值的关键体现。首先,由产品自身的质量、工艺等基本特性所带来的工作性能、耐用性等产品属性会有差别。其次,良好的服务会为产品增加附加价值。如果产品能够随着用户需求的动态变化,及时地优化服务的策略来解决用户的问题,就会有效地维护用户的品牌忠诚度。最后,需要塑造品牌的个性与特质。顾客的消费心理、认知与动机都会被品牌联想所影响,这也是品牌能够提升顾客感知价值的原因。

5.2 创造最好产品的方法

5.2.1 以用户为中心的 INPD

明确新产品开发模糊前期的目的是为今后产品开发指明可行方向。一般在产品开发前期,需要完成的任务有寻找机会点、识别机会、制定开发战略等。这些任务需要寻找到一个合适的突破口。

新产品开发前一般会有大量的、模糊的、不确定的因素,主要来自以下四个方面[26]:首先是新产品创新机会的不确定。新产品开发前期是寻找机会和辨识机会的阶段,但是在这个阶段,企业往往对创新机会的认识不够全面、不够深入;其次是技术的不确定性。产品开发是根据现有的新技术进行的,但是产品开发是需要一定时间的,当设计完成时,技术是否过时未曾可知;第三是竞争环境的不确定性。当你还在研发时,竞争对手的产品可能已经上市了,这样就失去了先机;最后是资源的不确定性。资金、市场、技术、经济和法规以及人力资源都是新产品开发的基础,这些资源在设计模糊前期具有不确定性。

一项针对新产品开发的研究表明,一般模糊前期产生的产品创意只有 0.47% 能进入商品化阶段,而这些产品中能取得商业成功的只有 7.14%[27]。这项研究表明,许多企业的产品失败往往是一开始就已经注定的。因此明确新产品开发的模糊前期在企业开发中尤为重要。

20 世纪 60 年代末期,在各方设计思潮的碰撞下,西方国家首次提出"以用户为中心"的设计思想这一思想针对功能主义设计思想的缺陷,提出了工业设计不应当以功能为出发点,而应当以用户的操作行为和对产品的理解为出发点,使用户通过外观就可以理解产品的功能。甚至产品通过自己的外观可以"说话",告诉用户它有什么功能和应该怎样操作等[28,29]。

以用户为中心的从策划到产品定案的新产品开发过程大致可分三个阶段:产品策划、项目批准和产品推出。该理论是由卡耐基梅隆大学 JonathanCagan 与 CraigVogel 教授共同总结提出的。INPD(Integrated New Product Develop-ment)过程指的是从产品策划到产品被批准的整个前期过程,它由四个阶段组成,分别是识别机会、理解机会、把机会转化成产品概念和实现机会。每一阶段的内容大致如下:

第一阶段是识别机会,重心是产品机会的识别和选择。通过 SET 因素的分析,寻找产品的机会点与可能存在的突破口,从而找到新产品或者改良产品的缺口。

第二阶段是理解机会,主要是对产品机会的理解。通过对目标市场、专门用户、现有产品、周边产品进行调研,然后对调研获取的结果进行总结,深层次地挖掘用户的需求和了解他们的期望,寻找产品的机会点。

第三阶段是通过各种有效的手段把机会转化成产品概念。对大量产品概念进行对比选出最优方案送入下一阶段。这一阶段的工作目标是选出用户认为有用的、好用的、想要用的产品概念。

第四阶段是验证产品概念并把概念转化成模型的实施阶段[30]。

INPD 的开发过程如图 5-13 所示。

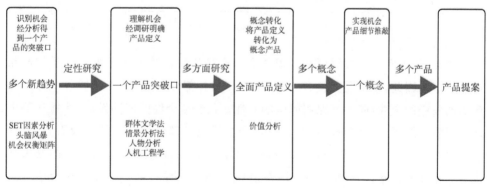

图 5-13　INPD 的开发过程

以用户为中心的设计原则应注重产品的可视化操作,将产品的功能和使用方法准确地展示给用户。一些基本的功能不要"收得太隐秘"。通过在产品上配备合理的显示装置,给用户提供相应步骤的操作提示,也能大大提高产品的使用价值[13]。

5.2.2 群体共同合作与管理

要想使产品移向右上角需要一个综合设计、工程和市场调研等不同领域的团队,这个团队中的每一个领域的人都为产品的开发贡献自己的知识。团队作为一个整体,必须协同一致才能为用户提供更好的、更有用的、更舒心的产品或者服务。

传统的产品开发模式如图 5-14 所示。在这样一个传统的模式下,市场调研员从市场角度出发分析产品概念,设计根据美学与人体学等方面去开发产品,工程技术人员则比较关心产品的技术实施,比如产品如何运动,如何运用好新的技术等。

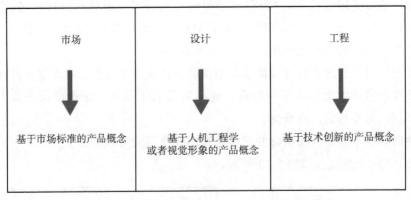

图 5-14 传统产品开发模式——各自独立分工[14]

市场、设计和工程按照原来的模式进行产品研发很难为用户提供优质的产品或者服务。因此,这里需要整合三者,从中寻找各部分的交叉,既保留各个部分在产品研发中的个性,同时又保留团队的共性。共性与个性的协同发展,才能让整个产品研发的过程变得顺畅和高效。设计和市场人员都会注重产品的吸引力,也可以称之为用户的直观感受,从感知层面出发,包括产品的品牌形象、造型的好用程度等。市场和技术人员则关心有用性,包括产品的功能、可靠程度和安全性等问题。设计和技术人员会共同关注产品的可用性方面的问题,这包括产品的人机关系、产品界面、产品特征、材料选择与加工方式等。团队中各个方向的成员以为用户提供优质的产品或服务为核心。专业合作产生价值如图 5-15 所示。

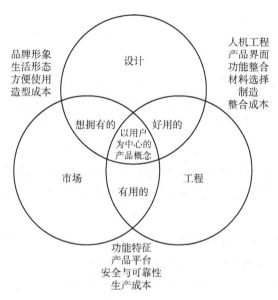

图 5-15 专业合作产生价值——以用户为中心的 INPD[14]

这种一体化整合产品开发的要求是显而易见的,但是许多企业做起来是比较难的。在自己熟悉的领域工作最舒坦,阻力也少。当设计师们一起工作时,他们用共同的语言与思维交流,彼此之间很难产生障碍[31]。而在设计师与工程师交流的过程中,各自使用不同的语言、不同的逻辑,很容易就会挫败,总觉得对方没有认真考虑自己的想法和感受,进而这种挫败感会很容易引起冲突,为产品开发带来不好的影响。

导致上述交流障碍的原因,主要是观念的差异。设计师与工程师的不同喜好,往往是教育背景、思维方式的不同所以起的。工程师的想法是这款产品的结构怎样才会正确。这里用到的词是正确,因为在工程师的思维方式中,往往只存在两种模式:对与错。这与他们所受过的教育背景息息相关。所有的公式与结果,要么是对要么是错,这造就了工程师的思维方式。设计师则不同,设计师在思考时往往会给自己留有余地,会有一个模糊的边界,让自己后续会有机会进行再模糊。另一个引起这种观念差异的根源是内在差异。工程师与设计师可以看成对应的两个词,理性与感性,工程师是理性的,设计师是感性的。这两种理解事物的方式一开始就已经存在了。

观念差异也有积极的一面,它为产品的开发提供了一种权衡不同角度方案的工具,既能让产品具有创新,同时还会让产品落地,有效地控制成本。相反,如果团队成员之间不尊重对方的专业,观念差异也将会变得具有破坏性,而这种破坏将对产品的开发产生消极影响。

来自不同领域的人组成一个团体一起工作时,他们会面临观念差异的问题。内部冲突是客观存在的,我们需要面对它,管理它。面对这种冲突,我们首先要明确这种冲突是工作性冲突还是非工作性冲突。工作性冲突就是在面对工作问题时产生的意见不一致。非工作行冲突为工作之外的一些冲突,譬如政治观念、宗教信仰、不同的兴趣爱好等。工作性冲突对设计过程而言是有益的,新产品开发的目的不是要消除这些冲突,而是有效地利用这些冲突进行产品开发。非工作性冲突会对团队的造成整体性伤害,影响项目的执行,浪费工作时间,有时会加剧个体差异从而导致成员之间根本无法交流。尽管如此,需要明确的是,最终的目标是尽量缩小非工作性冲突,并设法在工作之外解决这些冲突。主要可以通过团建的方式来解决这些冲突。

在工作冲突中,可以通过协商来解决。协商的过程主要会出现三个概念:权益、权利、权力。通过权益可以了解每个人的喜好和工作重点,找到消除障碍的权衡措施,从而使所有人、所有专业的权益得到兼顾,这是最理想的状态。通过权利协商,运用各种已有的标准、观念去解决纷争,则会产生赢的一方和输的一方,或者说会有选择折中方案的一方,这就意味着将会存在最优方案。权力,顾名思义就是命令,在协商的过程中往往有被迫去做一些不愿意做的事情,结果可能会深化矛盾,引起更大的纷争。就像组成产品的各个零部件可以是以不同的方式来进行设计的道理,但是大多数企业无法做到这一点,他们往往以同样的方式运作。

5.3 商业设计模式中的突破性设计思维

5.3.1 从极端用户中发现隐性需求

设计离不开创新,但设计师会觉得创新的难点并不在于解决已有的问题,而在于发现新的问题。对于那些显而易见的需求,设计师很难对此做出创新,因为用户心中已经有了明确的解决方案。因此设计师们需要自己去发现和找寻用户没有发现的或者没有表达出来但又与用户体验密切相关的潜在需求。

也因为这样,对用户行为的观察与分析是设计师必须具备的一项至关重要的能力。这也是设计思维强调以用户为中心的原因。想要真正理解用户的需求,就要与用户共情,对用户下意识的日常行为进行深入地观察与分析,真正理解用户的需求。通过观察得出的需求是无法用数据分析得出或体现的,是用户自己也可能没有察觉的无意识需求。人类行为学研究者、心理专家简·福顿·苏瑞指出,需要垫高的桌子、缠在一起的电源线……生活中很多微不足道的现象背后都蕴含着有待发掘的隐性需求。

随着商业社会的发展，对普通用户的观察变得不能满足设计师的要求。每个公司都想成为第一个发现需求缺口并抢占市场的人，正因为这样，一个用户可能被无数个公司研究。在这种情况下，能成为第一个发现需求并引领市场的人，概率是很小的。像 IDEO 这样的设计公司，开始寻找脱离调研机构外的"极端用户"。极端用户的思维方式和行为习惯有别于大多普通用户，也正是他们的与众不同，会给设计师带来新的灵感。而通过对这些极端用户的需求进行研究，设计师会得到一个新的视角。例如，惠普公司曾委托 IDEO 公司调查对东非地区的小额低息贷款情况，调查后发现，由于东非地区经济、科技、教育程度都较为落后，普通的远程交易设备无法满足现实使用的需求。在这之后，IDEO 针对调查结果，降低成本、简化程序，考虑东非地区的实际需求，设计了一款"通用远程交易记录仪"，在设计成果上取得了突破性的进展。

5.3.2 将体验设计放入设计调研

设计调研作为设计的一门基本技能应当被设计学专业的学生和教师掌握。体验的设计对于构建产品品牌具有重要意义。The Alloy 公司是英国最大的工业设计顾问公司之一，致力于用户体验设计和设计调研。他们认为一件产品的设计离不开消费者对于产品的使用体验。工业设计要设计的不仅仅是一种满足使用者视觉感受的静态产品，更多的是基于体验主导下动态"艺术"。

消费者对品牌的认知不仅来自简单的文字介绍，使用过程中的体验才是消费者感受品牌的重要方式。Alloy 公司认为消费者对品牌的体验基于以下六个阶段：认识品牌、了解品牌、试用品牌、忠诚品牌、拥护品牌、归属品牌。当用户认识某个品牌后，开始被产品的视觉表达吸引，尝试使用这个品牌的产品。当用户被这款产品的某一个功能吸引后，就开始对这个产品产生认同，从而忠诚于这个品牌的产品，并会主动向身边的人进行推荐和分享。在消费者与品牌接触的顺序中，也可以发现产品的机会点。从机会点中抽取需求，再进行设计调研，便可以开发出新的魅力性功能（见日经设计［2017］）。

Alloy 的设计调研是从社会、客户或者科技因素中找到一些需求，应用一些调研方法从中抽取具有创意性的灵感，然后将这些点子和灵感以草图的形式展现出来，之后按照草图制作模型，最后即可产出未来产品。上述所应用到的调研方法包括：在商品使用过程中进行用户调研；深入思考且挖掘产品背后的含义；

将产品放在真实使用的场景中进行实景测试;思维发散列举出客户在使用过程中应当做的事项;给予客户需求一定的限制,使其更加有规范和调理;确认品牌的发展方向和所追求的目标(见日经设计[2017])。Alloy 的设计调研特征如图 5-16 所示。

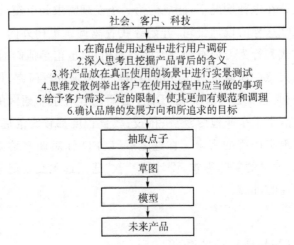

图 5-16　Alloy 的设计调研特征(见日经设计[2017])

红外热像仪一般是消防人员在火灾现场时常用的装备,消防类的装备需要满足消防人员苛刻的工作环境。注重体验设计的 Alloy 公司在一开始设计时,便运用挖掘产品背景信息的方法进行调研。研究发现红外热像仪成本较高,价格昂贵,而在实际的火灾现场,大多数人只能共用一个。基于这种现象,Alloy 公司又选择了角色扮演的调研方法,进行了真实情景的模拟体验。设计师和消防员进入到浓烟和烈火之中,设计师通过扮演不同的角色,如:老人或者小孩等,以探寻其真实的救人过程。整个过程中,设计师都需要全程参加,这样才会得到对于产品设计有价值的信息。在角色扮演过程中,设计师们发现了其两侧的手柄处具有设计的机会点。于是通过分析递交行为,检验出最合适的递交方法。经过草图修改设计以及模型的产出之后,设计师和消防人员通过使用模型进行了最终检验,确定了使手柄处设计的易用性最大化的设计方式(见日经设计[2017])。递交行为分析如图 5-17 所示。

正是设计师亲自经历感受了产品使用的全过程,才能站在使用者的角度思考问题。设计师的工作不仅仅是通过绘图使产品达到最佳的视觉效果,还需要成为一名全面的工程师,具备人机工学和工程学方面的相关知识。将体验放入设计调研中,从而做出最佳的设计。

图 5-17　递交行为分析（见日经设计 [2017]）

英国电信集团公司是世界顶尖的电信运营商，Alloy 公司通过设计调研使得英国电信集团公司诞生出了新的产品——婴儿监护器。Alloy 公司使用直接用户调研和角色扮演的方法找到机会点，激发创意和灵感，抽取点子。

设计师带着设备直接在用户的家中进行调研，面对面地进行需求交流后，探索出用户需求。在近 20 个想法中确定了婴儿监护器这样的产品，并且直接将设计方案进行草图的产出。第二次的设计调研则是基于设计出什么样的婴儿监护器而进行的。设计师带着这样的问题再次进入到家庭中，在普通家庭的客厅中进行直接调研时，通过设计师和家庭的对话，确定出此婴儿产品的具体使用场景。之后，设计师运用角色扮演的方法，赋予自己作为一位母亲的形象，检测产品的可用性和易用性。设计师根据调研结果将婴儿监护器具体的功能和特点进行草图的表现，并进行模型制作。在销售过程中，告知营业负责人产品的特征，得到他们认同也是十分必要的。结果，英国电信集团公司的婴儿监护器取得了重大的成功（见日经设计 [2017]）。英国电信集团公司的婴儿监护器如图 5-18 所示。

图 5-18　英国电信集团公司的婴儿监护器（见日经设计 [2017]）

5.3.3 用未来产品检验目前的设计

假设以未来产品设计为题,设计师要考虑到未来产品如何能加倍自然地与人、机甚至外界的一切产生优美的交互。在现今时代的流行趋势下,不仅要将未来产品变得智能,更要将人类反思活动过程变得深度化。正是人类的反思活动促进了人类的设计发展。人类丰富多彩的设计活动创造了各式各样的产品,并使其最终回到人类的产品体验活动上。设计师们通过反复的思考与探索迫使自己更朴实地发展设计活动,以自身的成长外化设计的发展,以内心最真挚的需求而不是表象特征为出发点,才能设计出优秀的未来产品。

当人们从事设计活动时,要把控当下,展望未来,以未来要求标准检验当下产品方案,这样设计出的产品才能更具前瞻性、更经得起考验。具体如何用未来产品的标准要求现在的设计,将从如下几个方面解释。

1. 注重包容性趋势

人类活动的经验积累正是来源于反复的设计活动。当人们正在从事设计活动,无论是交互设计、产品设计还是园林景观设计,真正所面临的考验都是要考虑到所有涉及的用户或人。现如今大多数行业越来越具有包容性。Satya Nadella 作为 Microsoft 的 CEO 在过去的产品介绍会上公开表示他们将设计考虑到覆盖更多使用人群的产品,直接原因是他的儿子不幸患有脑瘫。Apple 和 Facebook(现已改名 Meta)认为所有用户的产品使用体验都很重要,都需要关注。Target 和 Tommy Hilfiger 等大型零售商致力于实现无障碍设计,为不同用户设计满足他们不同需求的服装和商品。包容性设计有不同的体现和使用方式。有些企业喜欢运用同理心做人性化设计,但更多的企业旨在使用包容性设计向更多人推广好的产品。例如,适合假肢的可调式裤子如图 5-19 所示。

2. 人工智能是设计领域的新趋势

人类现阶段正经历最大的一次变革——人工智能。设计这一人类实践手段将会迅速发展,人工智能设计将成为设计领域的新星。在人工智能时代,人工智能产品设计师将带领前行步入新纪元。

AID(Artificial Intelligence Design),即人工智能设计,就是设计界即将迎来的一个全新的设计模式。回顾往昔,工业设计师让人们有了更高的生活品质。工业设计也是最复杂的学科之一,因为它将硬件产品、用户、技术以及功能交叉融合。人工智能刚好可以有效地解决这种复杂的问题,可以高效快捷地提出设计解决方案。阿里集团发布的 AI 设计应用"鹿班"可以根据提供的商品素材、文字描述、海报尺寸、风格等,一键自动生成符合要求的海报作品。

图 5-19　适合假肢的可调式裤子（引用来源 Tommy Hilfiger 官网）

3. 数字化设计将不再成为主流

未来已来，数字化将不再是用户使用与体验的核心。曾几何时，人们的创造与生产活动受终端硬件产品的限制与影响，有限的精力都放在了有规格要求限制的液晶屏幕上，造成的影响是人们局限于此类硬件设备，交互行为中的说话占据了绝大多数时间。这种情况也即将迎来改变：电子产品的技术正在不断发展，人们越来越对电子屏幕产生焦虑情绪。摄像机、语音设备、屏幕也在逐渐分散人们的使用体验；从智能语音管家 Amazon Echo & Google Home 现行情况来看，大多数品牌公司越来越在意数字化与硬件产品的使用联动，在不久的将来，数字内容与硬件产品的边界也将不复存在。嘉年华公司开发了一种能当徽章佩戴的智能硬币（称为 Medallion）。游轮上的游客可以通过使用 App 享受定制化的服务，完全不需要服务员的引导。同时，这个设备还能通过游客的行为数据来分析他的喜好，从而优化服务。嘉年华公司的 Medallion 如图 5-20 所示。

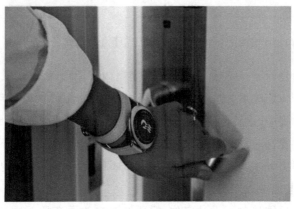

图 5-20　嘉年华公司的 Medallion（图片来源 level11 官网）

4. 舍弃扁平化设计

设计师们正在依靠用户界面设计等方式,在扁平化的世界区分功能分区。自微软公司发布了自己的 Metro 设计之后,字体主导的极简化设计风格成了设计界的主流,设计师们也纷纷开始模仿类似块状的、有模块比例的扁平设计。

如果所用事物趋于扁平化,那么人们也将很难找出它们的区别。Google 的质感设计逐步将视觉元素人性化。设计师需要创造的是一个共感的世界。在这个世界里,人们可以和所有存在的事物产生交互。现如今,语音交互、手势交互等多模态交互成了设计引导的主流。科技在不断进步,未来一旦能实现场景化设计,那么人机交互将会变得更加简单易用。

5. 价值重新定义品牌和消费者

当前正处于一个没有明确方向性引导且剧烈变化的时代。作为设计师,需要了解和熟悉从人工智能到情感技术的价值交换,也必须保持开放和乐观生活态度。现如今的公司在弄清楚自己价值的同时还要推动研究并发展对人类生活有利的工具,以及强化并警惕会威胁人类发展的工具。

5.4 追求设计中的以人为本

以人为本的设计是以人为中心的人的生存设计的最高追求,它涵盖了人的生理、心理、物质和精神需求和内在寄托,对人的生存和发展的长远规划具有深刻的意义。

艺术与技术的融合,能呈现出人与动物、人与自然的完美和谐。根本目的是创造和谐完美的生活方式与生活情境。以人为本让设计更有个性、温度与生命力。同时,人本设计让产品承载着设计师与用户无限的精神生命力。

案例分析:Stannah Stairlifts 公司座椅式电梯研究案例

座椅式电梯是为身体不便的老年人在家庭内部使用而设计的。设计师在明确公司所给出的品牌定位后,进行了假设并开展系统的用户调研活动来验证用户的需求。在调研过程中,设计师对正在使用该产品的老人进行提问,跟踪拍摄用户使用产品的体验过程,分析影像数据并得出结论。由于老年人身体不便,急需更安全方便的上楼梯解决方式与产品,且该解决方案不能过于新奇突兀,要符合老年人的行为习惯,并和谐地融入周围环境。

根据调研分析结果进行设计定位,需要及时整改原产品不讨喜的外观,让曾经因外观设计拒绝使用的用户重新选择,将健康与安全列入必要考虑的因素内,对产品尺寸与外观设计做人机工程学上的改良,方便用户使用,产品外观颜色与材质做到与周围环境相匹配,提供让目标用户潜意识上就愿意使用的界面。

以上述所提到的要素为前提,推出解决方案。外观上,新型座椅式电梯采用更加时尚的颜色,使用真皮和亲肤柔软的纺织布面料,并且与家装环境更加适配。功能上,用户可以通过调整扶手高度来辅助自己轻松地坐下和站起。此外,它还装有具有开关和上锁功能的控制器,以及可调整的脚踏板,增强了用户体验和舒适度。

人们在考虑一个产品的使用情景时,往往想象不到甚至不会考虑少数群体或特殊人群,忘记了自己将来也会变得手脚不便、肢体不协调,慢慢衰老直至死亡。作为设计师,站在少数群体视角看问题、做设计是非常有必要的。

5.5 思绪清零,重新思考

1998年,库哈斯创立了AMO。AMO是一个以生产非建筑项目为主的设计研究工作室。其工作范畴包括筹备展览、品牌设计、出版及能源计划。因此,AMO的设计调研方式与其他设计公司有所不同,他们采取并行推进的方式,在思考客户的要求和建筑物周边环境的同时,还在思考如何创造空间。

AMO常用的设计调研手法是运用可视化图表。首先分析与客户相关的各种社会、经济、环境等因素,然后从起点重新审视客户的工作环境和工作内容并将分析结果可视化,形成图表。通过重组、变形等手法分析出当前对于客户来说最重要的因素是什么。另一常用的设计调研手法是将调研成果和图表编成册子和书,不仅面向公司内部作为资料使用,还会提供给客户,使整个设计变得立体且系统。

由AMO设计的西雅图中央图书馆从外表来看是一个整体的玻璃大方块堆砌,这便是AMO通过图表化手法进行设计调研后产出的设计结果。AMO对西雅图图书馆进行了历史背景的调查,基于书籍和藏书的历史分析目前所需要解决的课题。调研结果发现图书馆的藏书量呈增加趋势,但由于互联网和新媒体的出现,书籍所产生作用在逐渐减小,因此产生了"灵活的空间构造"这一想法(见日经设计[2017])。图书馆是一个传播文化的场所,不仅为用户提供书籍,更应为用户提供除阅读之外的活动。接下来的一步便是具体分析图书馆内各部分区域的功能和面积。通过严谨的数据分析和数据可视化,重新编排功能区域,导出基本结构。在地面、楼梯、电梯和天花板的布局上,西雅图中央图书馆的设计向世人展示了它的灵活性。通过图表化探究图书馆的布局,重新构建了图书馆未来的可能性。西雅图中央图书馆外观建筑如图5-21所示。

图 5-21 西雅图中央图书馆外观建筑（见日经设计 [2017]）

5.6 在情境中催生设计

想设计出好产品需要对用户精准定位，需要了解包括但不限于用户的能力、目的及使用场景。站在用户与设计师的角度来说，产品设计是串联生活与技术的基础，产品使用场景是一切成立的依据。通过大量使用场景的分析，设计师可以观察到生活的细微之处，想象设计未来生活的情景，使所设计出来的产品趋于未来化，成为未来生活的引航者。

在即将的使用环境中逆推设计，第一步要找出与产品关联的所有情境，选择最符合用户自身能力的情境，从产品模式升维至情境模式。对情境的选择主要有两个方面：环境情景与人文情景。环境情景是指用户身处的环境，包括自然环境和社会环境。自然环境是指用户所处的场所及周遭的自然因素，如气温、海拔高度、光照强度、天气变化。社会环境是指用户周围的人为因素，位置的变化会引起用户周围情况的变化，例如人群密集度、嘈杂度、背景噪声、网络稳定度等。人文情景是指用户体验时的思想行为和心理情感，如奔跑、漫步、畅游、焦急地寻找、缓慢地行进、娓娓地倾诉等。

总的来说，由使用场景中逆推出的产品设计，需要着重考虑以下两个方面：用户在该使用环境下的真实需求以及环境可能对用户产生的影响与变化。需要注意，用户的使用习惯可能会与新设计的体验产生矛盾。具有普适性、用户覆盖范围高的产品会让用户养成一定的使用习惯。这时候就需要设计师考虑多方面因素，尝试多种设计方案，在保证用户体验的同时尽量符合用户的使用习惯。

交互设计领域中的 Contextual Design（情景化设计）是以用户为中心的一套完整设计理论。它的主要任务是设计师要多观察、研究用户在具体的使用环境中，出现的实际的、真实的、具体的需求。设计师根据经过对大量调研数据的梳理与分析研究所产生的调研结论来提出设计方案。该设计方法的目的在于帮助用户提升使用过程中的体验，所以极少采用类似问卷调研等书面调研方式，而是多采用用户访谈、跟踪拍摄、田野调查的实地调研方式。

第6章 协同设计

6.1 群体的定义

设计过程往往需要将多门学科的知识进行融合并加以运用。设计的开展需要设计人员、环境与设计相关对象的共同参与。在特定的设计环境下,设计人员多以一个设计团队的形式出现,而相关对象则包含客户、用户以及可能参与其中的利益相关者。通过让设计相关对象参与设计的过程,设计师能更好地了解事实现状,进而将以用户为中心这一原则付诸实践。设计师与设计相关成员在设计过程中共同构成群体,以群体的形式共同参与设计,设计成果将展现不同专业领域的知识、技术和智慧。

在群体协同设计的过程中,不同学科知识背景的人会共同完成设计工作。这些成员承担着不同的角色,参与到设计的各阶段中,选择不同的岗位完成自己的任务。在群体协同设计的过程中,他们随时交流协商,并依据协商结果对设计方案进行同步修改,给予设计进程中的子结果及时的反馈和更新。由此可见,群体协同设计涉及的决策无法单独完成,因为决策的产生需要各环节设计人员的参与,而在群体中,各环节的设计人员是彼此影响、相互制约的。也就是说,设计师应当意识到自己的思维既受到周围人的影响,又会反过来影响其他群体成员。

群体协同设计的概念从产品产生前就已涵盖在设计过程中,群体协同设计本质上是共同创造的一种表现形式,体现了客户自愿加入产品设计的过程。客户对产品提出的外观、功能、创新理念等方面的需求也是群体协同设计的一种体现。在提出需求的过程中,用户以设计参与感对产品的设计贡献自己的力量,从而收获成就感。但是,由于人数的增加与用户的加入,如何在协同创造的过程中进行管理也是目前所面临的问题。例如,来自不同背景成员的组合有助于设计群体的工作,但在设计团队对最终目标和准则达成共识前,如果每个人都执着于让自己的观点被认可,就很可能会发生冲突。所以要明确每个成员在设计过程中所担任的群体角色,进而发挥每个成员的作用。但也需要认识到,并非所有团队成员都能贡献出相对应的生产力,组织团队的技巧在于找准每个团队成员的角色,进而使其实现效率的最大化。

协同设计中存在需要进行群体决策的环节。群体决策的目标可能只有一个,也可能有很多但又相互矛盾,因此需要设计参与者权衡得出最佳设计决策目标,进而推进后续协同设计的进行。最终的决策常常要由一群体决策人在众多的备选对象中进行讨论、完善和选择。实际上,方案的评价是不同决策人对不同方案偏好的表达,但由于群体成员对方案有多项衡量标准,而各方案又各有优劣,会导致评价结果并不统一。这时就需要决策人根据有关准则,采用适当的方法对设计方案进行评价[32],得出最终的决策结果。最终的决策结果可以依赖专业的评价投票,也可以依赖用户反馈。

6.1.1 群体的特征

一般来讲,群体中设计构成成员的学科背景和认知能力往往不尽相同。在设计过程中,不同背景的群体成员会针对某一问题不断进行交流,当他们遇到困难时,会相互支持来获取信心和力量,从而突破个人能力水平的局限,克服设计过程中所遇到的障碍。协同设计中群体的属性具体包括群体的社会特征(群体规模和多样性、群体凝聚力、群体相容性等)与群体的认知特性(信息在决策成员间的分布、成员的认知能力)等属性[33]。而整体设计群体的属性是由群体的特征决定的。在群体协同设计的过程中,群体的特征有众多的表现形式,主要可分为目标特征、角色特征和发展特征。

群体的特征之一是目标特征。一个群体往往有共同的目标和行为规范,这种规范是指导设计活动的原则。在社会中的设计活动中,群体设计小组成员需要遵循规范完成自己的任务。但在实际中,往往存在价值观念的分歧,这些分歧有时会导致矛盾的产生。因此,群体设计的过程中,需要按照一定的规范展开设计活动,从而和谐地推进设计流程。在群体设计的过程中,除了整体的团队方案,每个成员作为个体也应针对设计的备选方案有所产出。研究表明,群体成员间相互理解的程度和成员之间的冲突高度相关,因此提升群体的认知能力层次、扩充任务相关知识的储备量对于决策效果有着正面的影响。群体设计活动需要团队成员间一致团结并确立共同的目标,这个目标可小可大,可近可远。无论是实现共同理想的大目标还是完成阶段性任务的小目标,均对群体设计有推动作用。清晰明确的目标指向加上正确的价值判断,将更有助于思维创意的诞生于设计想法的碰撞。

群体的特征之二是角色特征。群体成员持有各自的角色,承担不同的责任。群体设计中的每个成员并不只是任务的被动接受者,相反,这些参与者们的心态与行为都会对设计最后的产出有影响。群体的产出会为群体带来一定的利益,而且这种利益会使整个群体和群体中的成员同时受益[32]。作为一个群体,合理的成员关系和清晰的组成结构对群体展开后续活动极其重要,因此,小组成员的角色定位一定要清晰明确。譬如,在一个家庭中存在三种角色:父亲、母亲和子女。在中国俗语"男主外,女主内"理论的支撑下,三人担任各自的家庭角色,共同营造温馨和谐的家庭氛围。又譬如,学术论坛就是一个学术团体,在这个团体中,有组织人员、带头人员、参与人员、评审人员等,不同的人员担任不同的角色,各司其职,维护学术氛围,提高学术水平。

群体的特征之三是发展特征。群体有持续发展的需求,具体来说是群体以平稳的状态发展,进而产出利益的过程。平稳发展的群体会使所有成员长期受益,因此可以将发展作为终极的群体效益目标。群体的发展保证了群体整体及群体成员的产出,也促进着群体成员间的理解与交互。当成员交流设计活动时,既会达成共识,也会产生差异。这些差异并不会阻碍设计的进步,而是会激发更多的想法与观点。人们要做的是将发展作为群体的共同准则,在这一准则的前提下明确分工、让设计成员各司其职去解决设计问题。在协同设计目标的支持下,各个小组成员的创意与知识会在个体与个体、群体与个体以及群体与群体之间流动转换,不断经历更新想法、激发创意的过程,最终产出完美的思维成果。

6.1.2 群体角色

现实生活中存在各种群体,每个群体内部都有存在联系的特定的角色。群体角色在社会分工中占据重要地位,这些角色在很多研究性工作中都有所体现。通过将这些角色根据知识进行清晰定位,可以利用它们解决存在于研究工作中的问题。在社会中,群体角色可以被看作是一个标签,这个标签用于指明个体在群体中所占据的特定位置,角色的主体也就被赋予了该角色特有的性格、心理、能力等特征。社会群体作为角色的定义语境在角色分析中起着至关重要的作用。

在具体的协同设计过程中,设计小组成员往往承担着不同的分工和职责。在进行合作时难免会产生一些问题,但是在共同决策的过程中,这些问题往往会迎刃而解。在协同设计的每一个阶段,设计参与人员需要将各类角色都包括在内。将具有不同观念与视角的角色人员进行合理组合,有助于设计群体的工作。例如在团队合作中,"领导者"需要承担起指导团队的任务,但是应当注意及时收集各方意见,避免独裁;"小丑"需要以轻松的心态看待设计过程中遇到的困难,并有能力化解团队中的冲突,及时调整团队的心态;"律师",需要坚持原则,这种看似与团队强调创造力相悖的规则和制度虽僵硬甚至不近人情,但在维持设计工作的秩序时,却至关重要。除此之外,小组内需要一名"愚笨者"的存在(实际比表面看起来聪明得多),用于"迎合"其他成员。

在整个设计过程中,来自不同知识领域设计参与人员针对设计对象从不同的角度、以不同的评价标准提出观点,进而引发一些想法的碰撞。如果人们将协同设计的过程看作是设计矛盾不断碰撞和消解的过程,就需要人们充分合理地去解决设计中的碰撞,在消解碰撞的同时最大限度地满足各领域专家的要求,使最终设计结果的综合性能达到最佳。

6.2 信息的交流与传递

6.2.1 理解设计问题

设计问题的要素包括三个方面:问题描述、设计需求和设计约束。问题描述即用自然的语言将问题进行清晰的表达,设计需求需要设计师将自己的想法以草图、流程图和框架图的形式绘制出来,设计约束是设计师以及客户等群体对于产品具体要求的体现,譬如成本和造价等[34]。

设计的起点一般从发现问题开始,然后进行分析问题、解决问题,终点是设计出满足用户需求的产品。

在发现问题的过程中,弄清问题的本质与来源十分重要。设计问题往往来源于两个方面,一是客户把问题带给了设计师,因为设计师和客户的关系本来就是设计过程中重要的组成部分;二是从设计问题本身发现问题,即如何将产品的市场需求转换为功能需求,并将其实现。因为设计的领域根据其大小和复杂程度呈现上下级关系,从而使得设计问题也存在上下级关系。但设计更多的是在执行修整工作,具体来说就是通过纠正某方面的错误来解决设计问题。

在分析、解决问题时,设计师很少直接从问题中找到解决方案,而是倾向于获得大量关于解决方案及其可能性的知识。其次,设计问题既是设计工作的动机,又为后续一系列的设计工作提供方向指引。一个设计问题可以被拆解为多个层次的子问题,正如任务分析中的层次分析法将每一步骤中的任务流程拆解细分为不同的子任务。只有完成对所有的子问题的解释,才可以解决最终的问题。

设计问题解决后,就可以进行协同设计的过程。协同设计的过程包括:构建设计小组,交流设计理念,解决设计冲突,协商设计解决方案的适应度等步骤。面对设计问题时,用户常常以"我想……"或者"我需要……"的形式进行需求、愿望的要求表达,而解决问题的方案以具体的、特定的物理形式体现。从用户提出需求,到最后需求得到满足的过程中,有许多中间状态,这些状态在功能上表现为一系列设计步骤。从决策角度来说,这些处于中间状态的设计方案被视为一系列相连问题进程步骤的子方案,不同步骤体现的是相对应的设计状态下的特定设计结果。设计结果的确定需要对子方案进行筛选,这一过程需要设计群体通过协商达成对最终确立方案的共识。由于不同领域的设计师会提出不同的解决子方案,设计参与者之间需要随时沟通,从而恰当地解决设计问题,达成不同观点之间的和解。由此可见,在协同设计中,可以从不同的角度用不同的方法来理解设计过程,并利用创意获取对问题的更多发现,而不仅是专注于寻找答案。

此外,当协同设计开始时,设计师可以借助团队协同设计理性概念模型工具帮助自己推进接下来的步骤。设计理性是指通过记录设计者在设计过程中对于设计问题的思考、分析以及决策过程来说明产品的设计原因,进而为设计人员提供更便利的分析方法和平台。自20世纪80年代以来,国外就展开了大量的针对设计理性的研究,而IBIS是其中较为著名的设计理性建模方法。IBIS模型是一个经典的表达设计理性的模型,通常以半结构化的形式展现待解决的问题以及备选方案,在对设计问题所得出的设计发现进行分析论证后,得出更易于表达和理解的结果。通过建立不同类型的节点表现模型要素,可对不同的问题分别得出相应的设计方案,最后再进行正反论据的方案分析。IBIS模型要素及关系如图6-1所示[34]。

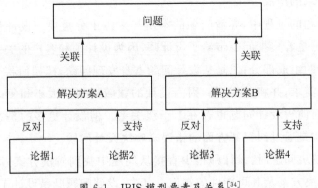

图6-1 IBIS模型要素及关系[34]

6.2.2 设计交流：绘图

设计师一般会在深入了解设计问题后，开始产出相关设计方案。常见的方案表达形式包括：文字方案、图像绘制以及案例实操等，其主要目的是帮助设计师解答整个设计过程中拆分出的问题，同时提出多种解决方案。解决方案主要以创意思维和实践流程来呈现，大部分设计也都以绘画的形式为呈现核心，设计师通过绘画来记录脑海中的想法，纸上的记录能够有效地延伸解决方案的探索。遇到交流不清的情况时，绘画能够让对方直接明了地了解自己的方案。因为设计师的设计方案是一套复杂的思维方式，仅仅用文字语言、符号很难有效地呈现全面，以绘画为主、文字为辅才能比较有效地记录想法、罗列问题、彼此交流。除了和其他设计师交流外，设计师与自己交流整改方案的过程中，通过阅读添加有关绘画方案的注释，反复推敲细节问题并实现方案的有效递进，最终显现设计方案。

设计草图可以分为两类，一类是记录性草图，另一类是研究性草图。记录性草图依靠记录的方式表达设计师思考的过程，此类草图作用于设计师设计解决方案初期的思维发散阶段，不需要严谨的格式与笔法，仅靠简单的线条、符合颜色组合记录过程即可。研究型草图是指经过了设计师反复琢磨、推敲设计方案的彩图绘制，不满足于简单的记录，而是设计师调整多次方案的递进与更加深入的思考。研究性草图的特点是不拘泥于表现手法的限制，设计师通常也会通过极具个人特色的笔法与稿件来表达自己的设计风格和能力水平[35]。综上所述，设计草图通过设计师的基础绘画能力，将其创意想法落实的纸面上，以便更高效直观地展示产品的细节、组成部分与功能等元素。在协同设计的环境下，建立产品模型需要多协同各设计小组并逐步完善，为了满足不同人群在不同设计阶段对产品模型的不同需求，设计师需要绘制多种设计草图、三视图、效果图的产品模型。

草图绘制的过程既是设计师从天马行空到思维推敲深入的创意过程，绘制手法在一定程度上也表现了产品特性。因此，具体的、有效的绘制内容与手法对草图绘制起着较大作用。首先，线条作为草图的基本组成部分，应该做到清晰流畅、形体透视准确、结构严谨等方面，尤其是产品关键部分绘制画面的准确性、清晰性。其次，色彩作为草图最浓墨重彩的组成部分，要具有准确的标记性、合理性、信息提示性等，尤其是产品关键部位的颜色和材质把控。最后，以平面图形与立体图形组合的图形表现内容,利用简单的圆形、矩形切割组成基本形状后,通过绘制立体图形的结构、透视、空间感等要素,完善对图形表现方案的表达。除了主要产品草图外,最后加入产品尺寸、零部件、设计说明等解释注释[35]。

产品草图在整个设计过程中发挥至关重要的作用,也能够客观反映出设计师的专业能力与审美修养。因此,尽管在数字化工具被高度使用的今天,手绘能力也是设计师基础、首要的技能要求。

6.2.3 计算机辅助设计

设计师在表达设计时,往往需要计算机辅助,其中一部分实质上设计是通过与计算机对话,从而使计算机符合设计师的要求。在使用计算机辅助时,因协同设计所产生的大量信息(包括文字、图形、语音等各种信息)流动,可能会导致网络卡顿以及消息延迟,因此协同设计工作对计算机网络效率要求较高。同时,单一设计师作为协同设计工作中的个体组成部分,所做的工作不仅能够影响个人产出设计方案的迭代,也会对整个协同设计小组中的其他设计师甚至最终的产品效果产生影响。单一设计师对设计方案的所思所想的工作量,是少于群体协同设计的,但群体设计为保证工作的高效进行,需要更多的技术支撑,从而缩短产品开发周期、提升其在市场中的主动性。因此,计算机辅助协同设计,提高计算机在设计中的参与度,减少设计师们在其中不必要的工作量,从而整体提高工作效率。

计算机辅助设计可以帮助设计师从需求分析到设计方案概念化前期阶段的工作具象化,目前设计师使用计算机辅助设计也多是为了将抽象化概念实现模拟具象化效果。计算机支持的协同设计(Cooperative Design)是计算机支持的协同工作(CSCW)的一个重要领域。这种方式由于群体工作的特性,从而不同程度上改善了传统群体项目所产生的问题,例如:项目管理与设计不同阶段间差异、设计与生产脱节、开发周期过长、成本过高、设计质量良莠不齐等问题。这种设计方式使身居各地的管理人员、设计师、工程师及产品用户等工作人员同步异地高效工作,进一步提高设计的质量和效率。这就要求协同设计软件在具有传统CAD软件功能以及分布式功能的基础上,还应提供更加有效的协同技术,使设计群体及其所用的工具(软件工具)发挥其最佳效果[36]。

使用计算机辅助设计时,想要有效的提升设计工作效率,对话必须要以计算机的方式进行。计算机的高效工作体验必然使人愉悦,但设计师的方案概念设计才是整个设计过程中最具有创新意义与价值的部分。目前的计算机可以通过庞大的数据库,排列组合数据和经验模拟人类创新活动内容,但并不具备真实创新性,或者说创新效果有限。

6.3 观察协同设计

6.3.1 为什么会存在三种视角?

在多方协同设计开展过程中,各参与方资源组成所搭建的信息共享平台,根据参与方的不同权限,可以对平台上的工作内容进行合理有效的修改与创作。在此过程中,会存在个人目标与组织目标不同、不同角度产生不同需求等问题。例如:客户与用户的需求不一致等问题。当设计师开展调研,用户将使用问题带给设计师,初步设计问题成立,设计师依据此问题展开方案设计。客户和公司方目标也不一致,客户更加注重产品本身,公司方则希望在保证一定产品质量的同时极力压低成本。客户与用户又有不同,前者是设计问题简要需求来源,同时也是创意方案合作伙伴,后者与设计师的距离则相对更远一些。除此之外,项目行进过程中,立法者不作为设计参与方本身,而是作为规则制定方创造部分必要约束条件,从而确保整个工作系统的平稳运行。

设计师、客户、用户和立法者这四种角色在设计过程中,所扮演角色逐渐由灵活递进到顽固,如图 6-2 所示。

图 6-2　设计师、客户、用户、立法者剪影

6.3.2 这三种视角具体是什么?

在设计过程中存在三种观察角度,分别是实践、愿景和意图,如图 6-3 所示。

Asynchronous Intentions　　Synchronous　　Asynchronous Practices　　Asynchronous Aspirations　　Asynchronous
（异步意图）　　　　　（同时发生的）　　　（异步实践）　　　　　　（异步愿望）　　　　　　（异步的）

图 6-3　练习、愿望和意图

协同设计中会使用一些实物化的模型,如:工作手册、设计手册、拼贴、尼龙扣模型等进行辅助。上述工具不仅对设计师思维进一步发散、方案排列组合有一定好处,同时它们所承载的功能性也为设计方案中难以表达的部分提供显示效果支撑,从而进一步开拓设计师的设计方案。以上表达形式多会体现于公司、网站或个人的设计实践手册中。

除此之外,协同设计过程中所产出的工作成果、参与者都是在不断变化和更新的,为了使得整个设计过程的顺利进行,参与方需要实时共享信息、频繁沟通变化。以上交互可以同时进行,例如:协同造型、协同标注;也可以异步进行,例如:文档的设计变更流程等。工程师等开发人员可以根据实际情况选择恰当的交互方式。在条件允许的状况下,协同设计可以将一个任务拆分成几个小的任务同时进行,从而进一步提升效率。

协同设计本身就是一个基于多学科多领域的应用技术。它是指在高效、可靠的工作模式下,多方共同完成同一目标。而高效、可靠的工作模式的建立,依据于参与方对设计背景和设计环境有深刻的了解,并将自己的专业所长应用到设计工作中去,运用自己的思维去理解当前领域的具体问题与知识,通过反复发散和交流,与不同参与方迸发出创新点,从而构造出一个支持协同设计的环境,再回到各参与方更新后的自己的思维应用系统,更新的实现设计的自动化推进。

随着项目的进行,这三种观察角度逐渐产生了变化。意图、实践和愿望的一致性关系到是选择同步设计还是异步设计。

同步协同设计指多个协作者在相同的时间内,在不同或者相同的空间下,共享工作信息,在同一操作系统上紧密结合的协同工作,其中的每位设计参与者都可以实时获取共享其他参与者的信息。异步协同设计指的是多个协作者,在不同的平台上共同完成同一目标任务的过程。异步协同设计不仅仅需要有某种紧密集成工具,还需要解决共享数据管理、协作信息管理、协作过程中的数据流和工作流管理等问题,需要网络的支持,可通过文件管理、E-mail、分布式数据库等实现。

异步协同与同步协同等重要。根据不同领域需要,异步协同有时会比同步协同更加灵活方便,此类现象往往出现在设计师团队中。例如:在 CAD 应用中,需要用户创造性的同时,同样需要花费大量的时间精力,如果这时还要求设计参与者们长期同时协同工作、讨论、更改设计,降低效率的同时,也为设计参与者们增添了较大的负担。在国际合作科学研究中,由于科学家在不同的国家,他们所处的时区不同,要求他们实时交互是很困难的[37]。

第 7 章 从反思到设计思维模式构建

7.1 设计思维模式构建的可行性

在设计过程中,许多真正有趣的事往往难以被发现,这是因为设计师并非是个天生的文字交流者,这些有趣的事很有可能隐藏在设计师的头脑之中。设计师在阐述和说明自己设计过程时并不会对其进行完整的陈述,而是出于加强印象的目的来进行描绘。此时的设计过程往往会隐藏起许多未被探索的道路,因此,这个过程是不能被完全相信的,同时也难以进行分析。对于经验丰富的设计师来说,这样的任务或许可以进行尝试。这种现象在未来几十年可能会发生变化,但变化并不会太大。因此,设计师的设计模式不再是单一的行为,在作为专业人士进行设计形成专业人士设计模式之外,还有大众设计模式以及专家设计模式等。

大众设计模式的目的一般在于解决社区服务、交通拥堵、饮水这样的当地问题。一般来说,这些设计活动最初是受到强烈的思想和政治影响。但是近年来,随着参与者数量的不断增加,参与者的性质也相应发生了变化,这个领域也同样有了质和量的变化,人们在生活中遇到的问题数量也在不断增加。网络科技的进步带来了一系列不同而又有联系的力量,推动了这种变化。生活方式的改变增加了紧迫感(一些国家正面临社会动荡或经济危机),人们就不断寻找解决办法,通过互联网来进行分享和交流,解决办法也就越来越多。而且,通过互联网,这些有效实用的办法可以在不同地区推广和应用,同时使得这些办法更加灵活、开放。因此这些草根组织变得更加开放和灵活,吸引了有着不同目标的人们。他们积极参与到协作组织中,培养他们天生就具有的设计能力,以便更好地完成这项工作。他们使用的这种设计模式就是大众设计模式。

专业人士设计模式的主要群体往往是具有一定专业背景的技术能力的人员,

能够利用自己所掌握的设计技能来对产品和服务进行开发。这部分群体相比之下对于视觉有着更高的要求，在产品与服务的设计上更能达到对于当前质量、价格和环境敏感度的期望。这些设计师所服务的更多是当地社区、城市和地区，来改变文化态度和行为。在一些小型企业中，产品的传统生产逐渐转型为设计流程，设计师设计的是一种动态的、混合的产品，产品、服务和传播逐渐被整合成为一个整体。

专家模式的使用群体是拥有更高水平专业背景与技术能力的专业人士，他们可以利用自己的设计技能来发现和解决更为复杂的问题。专家模式更多的是一种强调成员多样性，由多学科背景成员所组成的团体。设计专家往往受到以用户为中心的设计方法和联合设计的影响，扮演发现和解决更大设计问题的角色。

7.2 设计的一般思维模式

传统产品开发的生命过程包括四个方面的研究：社会人文因素、美学形式创新、工程技术介入、市场盈利模式。设计思维的第一个阶段通常是剖析问题，建立一个初步的想法。传统产品开发的过程可能较少涉及这个阶段，在调研过程中通过给一个群体加上定语，来对用户进行明确的划分，以便能更好地了解用户的需求。设计思维与传统的产品开发过程有一定的差异，其更加关注人的感受。传统产品开发的全生命过程如图 7-1 所示。

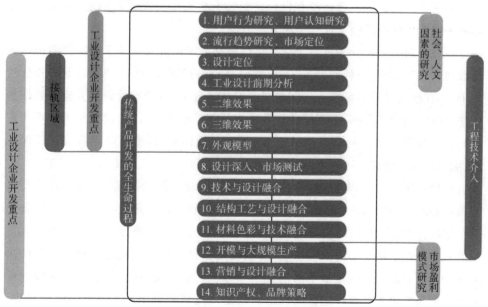

图 7-1　传统产品开发的全生命过程[38]

设计思维 基础

设计的一般模式是一个在理想情况下固定推进的过程,即从调研到设计定位再到效果图制作的传统线性问题解决模式。美国商业周刊调查显示,在新成立的1 000家公司中,只有一家能成功,而九成以上的失败案例不是技术或产品不够好,而是缺少对于用户的了解,从而无法吸引顾客。随着经济的快速发展与生活水平的提高,人们愈发注重"体验",传统的问题解决模式已经不能适应当前的竞争环境。

设计思维模式包括四个主要阶段:形成、表达、推进、评估。反思是对整个流程的回顾与思考,需要考虑设计过程中各个阶段是否与整体和目标相一致。形成在设计思维中更加复杂,涉及的内容比较多,设计的前期内容主要在这个阶段进行,后面的表达和推进是建立在形成的基础上的。

7.2.1 设计概念的形成

当人们面对一个设计诉求时,最重要的任务是理解设计诉求背后的核心问题或是用户遇到的问题。在设计思维中,如何理解人的问题对整个设计流程非常关键。人的概念很广泛,不仅仅是用户,还可能是用户相关的群体或设计团队的成员等。设计思维强调人文价值,主张不同学科知识背景的专业人士跨领域协作,拓宽多样化的思维模式。在这里,团队的成员虽然来自不同领域,但都应该平等参与,自由表达自己的想法。可能没有设计背景的人会提出更加创新的想法,在经过专业人士的分析修改后会变成一个更好的方案。

研究问题的方式分为定量研究和定性研究。定量研究是基于数学模型进行统计数据、分析数据的一种研究方式;定性研究是通过观察、认识、发现、了解和分析等手法,在现实世界中考察人的问题。在设计研究中,由于定量研究分析的数据是往往是既定的测量数据,并不适合预测未来的创新设计,所以在设计思维中更为常用的是定性研究的方法,从小样本开始,采用实地体验,深度访谈等方式进行深入的、细致的长期研究。

在形成阶段,人们需要进行以下几个步骤:领域调研、用户调研(包括用户行为和用户心理)、趋势调研(基于数据分析)、市场调研和产品定位。可以将调研分为三个阶段:问题发现阶段、设计定位阶段和解决问题的设计角度阶段。问题发现阶段的目的是找出用户的需求和困扰,可以使用多种方法来实现这一点。问题解决的设计角度阶段的目的是从不同的视角来分析和解决用户的问题,可以从设计师或用户的角度出发。设计定位阶段的目的是对提出的解决方案进行分类和规划。在观察调研阶段,需要注意一个问题:采访者的观察、采访或调研是否会对被试者产生直接或间接的影响,甚至改变他们的心理、情绪或行为?事实上,答案是肯定的,被访者对陌生人通常会有一定程度的警惕性,可能会用一种与真实情况不一致的行为来回应观察者,通常会在观察者面前展示出最好的一面。因此,当作为观察者或采访者时,需要尽可能地采用一种温和友好的方式进行,比如,在采访过程中加入一些破冰环节,让被访者放松下来,使其能真诚地与采访者进行交流。

在调研阶段完成后,可以通过一系列思维工具,比如有维恩图、用户要点聚焦、设计思维流程、同理心地图、故事板、思维导图等进行整理分析,从中发现用户痛点。

针对这些目标痛点,采访者需要进行思维发散,来寻找最佳创意点。在这个过程中有一些工具可以使用 SCAMPER 这个方法。S(Substitute 代替)的解释为是否可以替换(功能、材料等)C(Combine 合并)的解释为是否可以整合 A(Adapt 调整)的解释为原有的功能外观是否可以进行调整 M(Magnify/Modify 修改)的解释为原有的外观、功能、材质是否可以修改或者是否有夸大的空间 P(Put to other uses 其他用途)的解释为是否有其他用途 E(Eliminate 消除)的解释为哪些功能、材质可以删除 R(Re-arrange 重新组合)的解释为顺序是否可以重新组合,当然也会有一些其他的思维发散的方法,比如,迪士尼创意法、假设条件创意法以及模拟创意法等。

7.2.2 设计创意的表达

设计创意的表达首先是设计师在脑海中构思出问题的解决方案后,通过设计图标或草图来展示初步方案。这个阶段实际上是要求设计师将头脑风暴的结果外化,并进行进一步深化。外化的方式包括一个便利贴的墙面、一张草图、一个 3D 打印的模型、一些故事板漫画等。在这个阶段,要将团队的研究成果转化为一个可以感知的物体。

在完成产品草图后要进一步完善设计创意的表达,选择的表达技能要将交付风险降到最低,例如产品设计中的马克笔效果图绘制或利用计算机辅助表达,制作二维平面效果图。但是二维效果图存在一定的角度限制、视角比例等问题,所以二维效果图与三维效果图存在一定差距。因此在确定二维效果图后,还需要按照效果图制作初步模型,制作模型的材料通常是一些可塑性强的材料(石膏、纸、油泥等)或者 3D 打印材料。通过这一步,要基本了解草图中所没有涉及的比例尺寸、人机关系等,通过多个模型的迭代来调整产品的造型与功能。

在这个阶段需要进一步完善模型。反复对所做出的模型进行评价,每一步的评价改进可能需要改进模型材料的使用,比如,第一版的模型可能是纸膜或者其他方式的低精度模型,对初步模型做出初步评价后,下一版的模型材料可能就是石膏或者是泡沫等相对高精度的模型,整个过程越来越接近最终产品的效果。在汽车设计领域,最后的模型是用油泥制作还原一比一的实物模型,能非常有效地看到产品生产后的样子,在早期就能发现不足降低风险。因此整个模型的迭代过程就是降低风险的过程。

7.2.3 设计实施推进

在推进阶段,设计师需要根据上一阶段的内容,借助计算机辅助做出精细计算机模型来完善产品,同时设计师需要了解一定的产品内部结构和预想产品的使用流程。当模型制作完成后,设计师需要进行最终效果图的制作,包括确定产品的配色方案、材料和材料的表面处理。不同的产品对于材料和表面处理有着不同的要求,例如,水龙头需要表面具有镜面效果,这时需要进行电镀铬处理,同时可以增加其耐磨性。

在企业中,结构设计师需要介入这一阶段。产品的结构设计决定了用户体验的质量,好看的设计未必是好的设计,而好用的设计一定是好的设计。因此,产品结构师的重要性不言而喻,同时结构工程师是连接产品和用户的桥梁,极致的用户体验往往需要设计师和结构工程师共同的倾情投入。

最终确定的产品还需要制作高精度模型或样机,进行进一步的试验以寻找被忽略的问题。

7.2.4 设计方案评估

在测试评估阶段,需要准备评测任务、对象以及测试环境等,样品测试是确保最终产品或服务的呈现状态符合三个条件,即是否满足用户需求、产品外观吸引力、用户对产品或服务的感受。从这三个角度出发,发现不足并加以改善,同时以此来精准定位未来的目标市场。在这个阶段,可以采用原型功能测试(样品功能测试)、团队交叉测试、极端用户测试或专家测试等方式对产品或服务进行测试。

在产品投放市场之前,需要进行试销,以了解用户使用情况、产品销售情况以及需要改善的地方。在试销过程中,可以与用户进行简单的访谈,听取用户的反馈并从中获取有价值的信息。需要注意的是,此处的访谈要让用户来说话,用户的反馈结果不错时,也可能是带有情绪或掩饰行为,因此需要仔细分析辨别。

在工业设计领域,产品在测试阶段通常是对样机进行单个功能测试。例如,手机的三防功能需要做三次结构样机测试,每个样机的检测目的各有不同,防水样机只是检测防水功能。

评估的方法主要包括主观评估法和客观评估法两种方法。主观评估包括数量估计法、ME法、正规化顺位法、成对比较法、SD法等,客观评估包括工作抽样法、动素分析法、眼球运动分析法等。设计思维阶段图如图7-2所示。

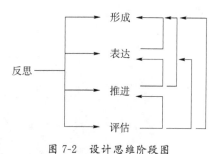

图7-2 设计思维阶段图

这四个阶段并非完全是逐步进行的,如果在某个阶段发现问题,可以返回之前的阶段重新梳理思路,并且反思是贯穿整个流程的。

7.2.5 反思

在设计流程中,反思是一个贯穿整始终的环节。反思可以帮助设计师评估他们的方法是否正确、方案是否有效。需要注意太多的思考往往会破坏早期微妙的设计结果,因此在每一个阶段需要反思一下是否达到了设计最初的目标。

在设计的某个阶段结束后,需要反思这一阶段中所采用的方法是否适用于特定的情境?同时,还需要审视是否有哪些问题被忽略或需要重新审阅?设计过程中的每个阶段是否紧密相连?因此设计流程的阶段性明确非常重要,以确保每一步的质量。反思应该围绕流程内容展开,这也有助于把握项目的结果和质量。可以根据产品设计流程逐步分析评价任务和评价内容,反复地进行评价可以及时发现产品设计中的问题,从而避免不必要的资源浪费,为市场提供成熟的产品。

与传统线性的问题解决模式不同,设计思维的非线性模式经常会让人感到困惑,例如,当项目进入一个新的阶段,突然有了新的洞察后,有时会需要退回到之前的阶段或者问题原点以寻求新的可能,这也正是设计思维不太可能成为精确的科学的原因。

7.3 案例分析:高层无人机灭火系统

高楼火灾已经成为城市公众安全和社会发展的重大威胁之一。研究高楼火

设计思维 基础

灾的特点以及了解消防装备的技术状况，对于指导人们选择正确的救援逃生设施，合理应对高楼火灾进行应急逃生，具有很强的现实意义。因此需要针对目前消防系统所存在的问题进行消防系统的改进设计。高层无人机灭火系统的设计背景如图7-3所示。

图7-3 高层无人机灭火系统的设计背景

（左图：城市目前的发展背景，右上：城市火灾模拟燃烧，右下：火灾救援现场）

关于火灾与消防设施的调研结果如图7-4所示。

图7-4 关于火灾与消防设施的调研结果

在调研过程中发现,许多楼房现有的消防系统并不是很完善,而且因为烟囱效应,低楼层的火势会顺着楼梯迅速往高层蔓延。然而高楼耸立的地方往往就是人群聚集的地方,一旦火灾发生,人们的生命安全将会受到严重威胁。

在经过深入调查后,设计人员开始研究目前消防设计存在的优缺点,如图7-5所示,从而寻找设计突破点。

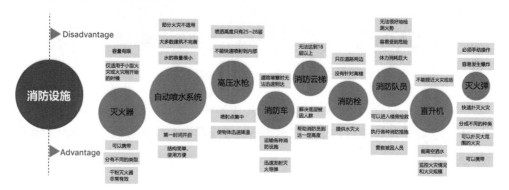

图 7-5 现有消防设施的优缺点

整体设计以无人机为源头,通过远程操控、数据分析等技术协助无人机进行工作。

设计的思维发散结果(如图7-6所示)为:(1)监视火源及人员的位置;(2)进行有计划有系统的救援;(3)迅速到达火灾现场;(4)监测火灾情况和火灾强度;(5)航空材料可进入火灾内部;(6)通过视频对现场的情况进行反馈。

图 7-6 通过无人机相关信息进行思维发散

经过一系列的发散之后,按照之前的想法来进行无人机模拟,这个阶段可以用即时贴进行演习,这要求团队成员充分发挥想象力,针对流程中的缺陷以及问题点进行补充。无人机模拟救援过程如图7-7所示。

图 7-7　无人机模拟救援过程

经过上述的讨论后,团队需要对系统中主要的产品进行造型、功能以及细节方面的构思。小组成员通过二维软件对产品的外观造型进行表达。二维草图方案如图 7-8 所示。

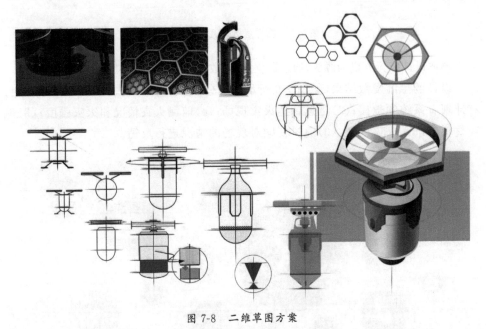

图 7-8　二维草图方案

最后,通过三维软件、渲染软件制作最终的产品效果图。最终的产品需要具备视觉上的可识别性,如图 7-9 所示。

在这个系统中要考虑的另一部分为无人机的充电设备。充电设备需要置于特定区域,这个区域也是无人机平时所处位置。无人机在执行完任务之后或者电量不足时,能自动返航到此区域,并落在充电设备上,进行后续的充电步骤。无人机充电装置如图 7-10 所示。

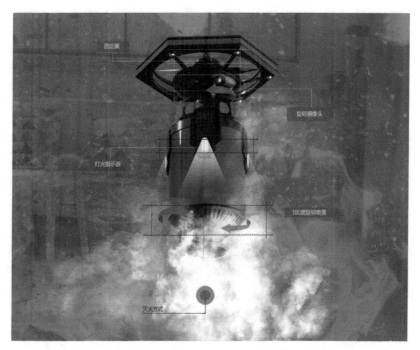

图 7-9 无人机产品最终效果图

图 7-10 无人机充电装置

产品的内部结构通过产品的爆炸图呈现,如图 7-11 所示。

因学生作业,无法进行实体评价,因此采用模拟的方式对整个流程进行评价。

当发生火灾后,感应系统发出警报,就近消防站接收信号并确定信号发出地,无人机就此出动,启动自动导航系统,按照规划的路线前往火场、分析火源、确定源发地,开始大量喷洒超细干粉,同时确保是否存在伤员,如果存在伤员,无人机则自

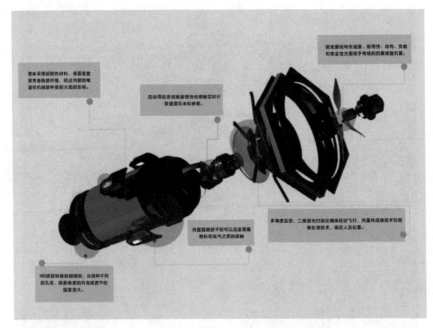

图 7-11　无人机爆炸图

动通知医院。完成任务后,无人机回到消防站补充电量以及干粉等灭火材料。未来模拟场景如图 7-12、图 7-13 所示。

图 7-12　未来模拟场景流程一

图 7-13　未来模拟场景流程二

第 8 章　设计方法实践指导：灯具设计

"车马纷纷白昼同,万家灯火暖春风",灯扮演着照明这一日常生活中不可或缺的角色。灯的造型、材质多样,也因而备受设计师青睐。在现代生活中,随着人们生活水平的提升,对于灯具的使用、情感需求也渐显丰富。接下来,首先设定 10 个初始情境,以此为出发点进行灯具设计。给定用户需求如图 8-1 所示。

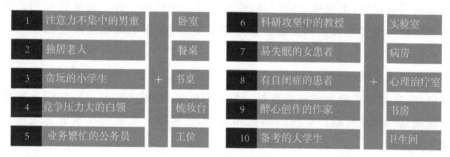

图 8-1　给定用户需求

选取好情境后,首先,可以通过头脑风暴的方法对用户特征进行发散分析。在此期间,可以尝试用短语和图像来定义用户,根据获取得到的用户资料绘制出用户画像。紧接着,进一步讨论情境下常见灯具的类型和用途,展开竞品分析。最后,对前面得到的发散性结果进行归纳,确定设计方向和设计需求清单。

本章节选取情境 2:"独居老人在餐桌前用餐"这一情境下所使用的灯具,作为设计目标为案例进行设计实践指导讲解。

8.1　获取设计需求

8.1.1　用户研究

头脑风暴是比较常见的一种创意产生方式,是设计师产生、汇集创意的主要方法之一。头脑风暴最初是由美国BBDO广告公司的奥斯本首创，又称脑力激荡法，一直都是以训练创意为目的而存在，通过汇集不同的人的观点，从而在这些观点中找出新的创意点。该方法的主要内容为设计工作小组人员在正常融洽且不受任何限制的气氛中以会议形式进行讨论、座谈。而打破常规、积极思考、畅所欲言，是充分发表看法的一种方式。头脑风暴适用于比较简单、严格明确的问题，譬如产品的未来模态、家居的智能设计、灯具的形态设计等。需要大量的思考和创意的碰撞。在进行头脑风暴的过程中，有四个原则，分别是避免刻薄的批评、鼓励自由发言的成员、强调数量而不是质量、随时欢迎其他成员的补充。

头脑风暴是创建新的想法和概念、生动形象地探究问题空间、创造新知识的设计方法。传统意义上的头脑风暴可用于激发小组创造力，针对某一个特定问题设计概念和想法。其中，头脑风暴有一些约定俗成的规则，譬如数量比质量重要；不要随意判断和批评；借鉴彼此的观点；欢迎古怪的想法等。这些指导性原则旨在为参与者提供一个随意表达和交流创意理念的空间，在探索新想法的过程中不会受到别人的批判。

在头脑风暴的过程中，设计小组可以运用头脑风暴图、树形图和流程图这三种构建框架，生动形象地解读头脑风暴中所获取的信息，敢于挑战并打破惯性思维模式。使用这些框架可以产生新的知识和意义，还可以在框架内部精确直观地记录头脑风暴过程。

头脑风暴图，即利用头脑风暴图开发核心概念或寻找核心问题，找出特点、论据以及相关想法。可以确定中心，然后向外扩展；也可以先确定所有组成部分，再精确提炼，最后确定中心主题。树形图有助于表达层次关系、分类系统或者主要论点与论据之间的关系。通过这种方式，借助感性或理性的思维，集思广益形成一个特定的主题。流程图或流程表格可以记录一系列的事件，代表同一系统中不同行为个体的行为和步骤，安排交流过程或者显示相关要素之间的因果关系。头脑风暴的三种聚类图如图8-2所示。

在牛皮纸LED灯具设计的头脑风暴过程中，成员首先会对问题进行提前的了解和调研，主持人一般会提前两到三天通知参与者关于头脑风暴的主题，参与者运用SET分析法进行问题的宏观背景分析，以及用5W2H法对于问题进行微观场景分析。之后组成小组开始进行头脑风暴的讨论，主持人这时会事先准备几类词汇，例如技术的热点词语、网络上的热词、与目标相关的词汇或者各种表示动作、环境、情绪、人物的词汇等进行进入状态的铺垫；之后便开始了头脑风暴的过程，头脑风暴的人数基本没有下限，只有上限，哪怕只有自己一个人也是可以进行头脑风暴的。一般情况下，人数最好控制在五至九人，不要太多也不要太少。时间一般控制

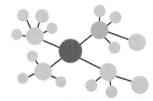

头脑风暴图有助于开发核心概念或寻找核心问题，找出特点、论据以及相关想法

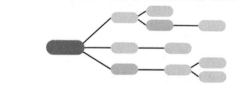

树形图表达层次关系、分类系统或者主要论点与论据之间的关系

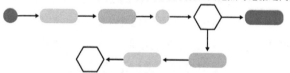

流程图或者流程表格展示同一系统中不同行为体的行为和步骤，交流过程安排或者同一系统内部相关要素之间的因果关系

图 8-2　头脑风暴的三种聚类图

在一小时左右，如果时间太长，成员的精神和注意力就无法得到保证，如果需要两轮的头脑风暴，则可以延长时间到一个半小时左右。如果这问题解决得不太理想，可以把之后的问题转换为头脑风暴，不要勉强参与者拖延时间。根据基本需求，结合以人为本的理念和实用性的考虑，进行思维发散。

头脑风暴创意点如图 8-3 所示。

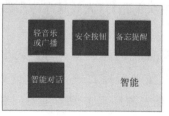

图 8-3　头脑风暴创意点

8.1.2 功能约束

1. 灯具人机工学分析

目前我国学校及写字楼等照明场所普遍采用的照明设计标准是20世纪80年代制定的,其中在办公和学习的桌上照度标准仅为国际标准的1/2,国际标准为300~500 lx(勒克斯),而我国标准约150 lx。照度太低或太高会产生观看困难的问题,容易造成视觉疲劳,影响工作效率。

显色指数即为光对颜色的还原程度——俗称显色性。在显色指数较低的灯光下(一般荧光灯为60~70)看东西,眼睛对颜色的分辨能力低,容易造成视觉疲劳。因此,一般情况下,台灯照明的显色指数不应低于80。

假定在灯光足够亮的前提下,如果光线不够稳定时出现了不停闪动的情况,这就说明它存在频闪的问题。当频闪超过一定的范围时,就会产生视觉疲劳,而长期的视觉疲劳会对人的视觉系统造成损伤。所以,欧洲电工委员会早在1997年就禁止在有计算机荧光屏的办公室中安装和使用电感镇流器的荧光灯,以保护计算机操作人员的健康。

在使用台灯的场所中,如果灯光的照度和显色性不够,则会使用户过度使用视力,从而导致眼睛的视觉疲劳,而灯光光线长期地频闪或有眩光则会给体验者的视觉神经系统带来严重的伤害,所以在产品设计过程中要讲究照明的质量,即在产品设计时需满足以下几个条件:①桌面照明要有足够的照度;②显色指数不低于标准;③光线要稳定;④无眩光。

2. 灯具信息效率分析

根据灯具所需的信息效率分析可知,光效和灯具效率是两个不同的概念。

(1)光效是指某一光源发出的光通量与其消耗功率的比值。单位为LM/W(流明/瓦)。而光效表明光源发光的效率,也就是说,每消耗1瓦电功率,会产生多少流明的光。这是一个与节能有关的指标,光效越高的光源越节能。因此,光效是表征一个光源能力的参数。

(2)灯具效率是指灯具实际发出的光通量与灯具内电光源发出的光通量之比。它也是衡量灯具是否节能的重要指标之一,且用百分数表示。灯具效率是表征灯具能力的参数。提高光效是光源厂家考虑的主要问题。而对于灯具的设计者,在选定光源后,需通过合理、精确以及高效的配光设计来提高灯具效率,以满足用户需求。

3. 情景预演

为了更好地了解使用者的需求,我们进行了一次情景访问,并且获取到了一些目标用户的个人信息。在此次访谈中,我们了解到了这位独居老人在餐厅吃饭时所使用照明工具的情况,并且,这位独居老人根据她自身的需求为我们提供了一些设计灯具的参考建议,使得我们对独居老人在餐厅使用灯具的情况有了更加深入地了解。独居老人用户模型如图8-4所示。

图 8-4 独居老人用户模型(人像引用 PEXELS)

在此次情景访问中,首先让老人在午饭过程中进行情景预演演示,并根据老人平时使用灯具时的情况进行描绘,因此发现老人在做饭后会因为双手端菜而无法开灯的情况,以及在晚些时间,老人会因某些情况,在穿过黑暗的餐厅时会感到不方便。诸如此类情况,会增加她在晚上走路的危险系数,这样的不便引发了老人对于灯具最大的需求,即在她走过餐厅的时候具备自动亮起的功能,之所以产生这样的需求,有两个原因,一是为了自己的方便和安全,二是不想因为发生碰撞问题而给孩子们增加负担。独居老人使用灯具的故事版设计如图8-5所示。

8.1.3 竞品分析

《孙子·谋攻篇》中说:"知彼知己者,百战不殆",因此在自己设计产品之前要进行充分的市场调研。竞品分析有两个目的:第一个也是最重要的目的就是为了对比。对比使设计者能够更好地学习。第二个目的是验证与测试,这个目的在逻辑上也可以归类到第一点,但是这里想强调的是竞品分析在项目前期的重要性。通过竞品确定市场机会点,验证之前的方向是十分必要的,而且在后期可用性测试的对比测试中也会得到应用。这里选择了三款最优的LED智能台灯进行分析,智能家居竞品分析详情如表8-1所示。

镜头	内容描述	景别
	独居老人自己在厨房里寂寞地做着饭	远景推进至近景
	独居老人为了方便，一次端两碗饭，LED智能台灯的感应系统在老人与灯达到一定距离时就会自动亮起，避免了老人走向餐桌时由于光线不清造成的碰撞，保证了老人的安全	近景至中景
	LED手势感应调节亮度，让老人在适应灯光开启后根据自身需要调节亮度，手势、感应方便，保证老人学习掌握新技能时易于接受	特写
	独居老人吃饭时，可开启音乐或广播，为老人排除寂寞，让老人在愉悦的环境中用餐	远景推进至近景

图 8-5　独居老人使用灯具的故事版设计

表 8-1　智能家居竞品分析

产品图样	产品名称	受众	外观	功能	使用方式	使用环境
	飞利浦 Hue White Ambiance Wellness	普通大众	传统床头灯造型	光场景功能：①"唤醒"场景会模拟日出效果，逐步提高灯光的亮度。②"入睡"场景能够模拟日落效果让灯光逐步变暗，直至完全熄灭	飞利浦开发的 Hue App 进行操控	卧室
	飞利浦 Hue White Ambiance Wellner	普通大众	蘑菇头造型			

续表

产品图样	产品名称	受众	外观	功能	使用方式	使用环境
	小米 LED 智能台灯	老人+大众	传统台灯造型	1%的亮度精度和 1K 的色温精度调节	① 手机 App 调节亮度和色温。② 无须 App，一键调节；按压旋钮开关台灯，旋转调整亮度	预设了四种场景：防蓝光、工作
	谷歌 Mate 概念智能台灯	老人	传统台灯造型	① 主光源照明。② 主灯可以分离，转换成老人使用的手电筒。互动功能；打电话、收听消息、分享音乐等	语音、简单触摸进行激活	主灯可以放置于任何环境。分拆后的手电筒可用

8.2　形成设计方案

所谓美学法则，即关于艺术美的一般法则，是关于艺术美的构成规律。艺术美与所要传播的信息内容相统一。因此，美是为内容服务的，具有让产品产生引人注目的引导作用，这不仅会增加产品内容的感染力，还会使人们在使用产品的过程中享受美学带来的愉悦体验。设计的美学法则力求从自然中寻求灵感，借鉴其形态特征并进行延伸。若回归到设计思维中以人为本的核心要求，那一切设计的目标则是建立在人的需求之上，所设计出来的产品是为了给人看或者给人使用，那么用户的好恶便是最直接的衡量标准。

以下是基本美学法则的部分展示，作为此次案例中的美学法则实践：

（1）使用相似性可以形成完整统一的形象。此项美学法则是利用人脑对于图像轮廓的相似性感知力，将所看到的图形或色彩在脑中进行自加工，从而形成完整统一的形象。在进行图形设计的过程中，其设计元素的统一法则就在于两者之间的拓扑关系。而两个图形元素是否能达到"统一"，需要由拓扑概念来进行判断并在其基础上进行演化。例如人们最常使用的工具——键盘，其具有的长短不一的按键模块,就是利用拓扑关系形成了统一的视觉形象。而在建筑领域中,古典建筑中和谐共存的建筑元素,也是美学法则中拓扑与统一的经典案例。

(2)基于美感的统一法则会让人产生安定感:统一法则在建筑结构中经常应用,例如图书馆的建筑结构就是最明显的统一法则的应用,其水平的横向线条、相同质感搭配白色涂料、等宽的距离设定以及相同形式的栏板等,均是统一法则的应用。而在一些平面设计上,蓝色的背景常搭配白色字体,虽然每个字母自身形成独立的团,但是字体相同、字体笔画宽度呈现出的如同复制的效果,以及文字方向形成的统一性等,均给人以安定的感觉。

(3)复制法是创造统一的基本方法。例如哥本哈根北部的地标性建筑"The Silo"被改造后,使得原本被用来存储谷物的仓库变成了一座17层且包含38个住宅单元的公寓楼。这便是将几何图形进行复制粘贴,产生了一座新建筑的成功案例。

(4)对比又称为矛盾的外化形式,是视觉传达活动中关键的一环。对比法则的原理其实就是将具有相反性质的要素搭配在一起,由此带来的排斥与分离感可为体验者带来视觉上的紧张体验。而对比手法正是利用一方元素来反衬另一方,由此起到强调的作用。大小对比在造型要素中备受重视,因为其决定着意象与调和的关系,例如,在大小对比中,如果元素的大小差别较小,则给人带来沉着温和的感觉;如果元素的大小差别较大,那较强的张力则会加深观者的视觉感受。

(5)黑白或明暗对比是色感体验中最基本的要素。明暗对比是视觉传达设计中最基本的对比关系,在色彩的应用上,如果色彩明度差异过小,则会降低色彩的识别度,那么色相和彩度就不具备视觉传达的基础要素。在一幅画面中,明暗的部分与黑暗的部分形成鲜明对比时,会产生具有时差的空间错觉,这时,明亮的部分表现为一种环境,而黑暗的部分仿佛使人置身于另一个空间环境之中,从而形成强烈的反差对比。若利用这种色彩视错觉要素,则可以制造从阴暗处窥视亮处或从亮处探视黑暗地方的新奇感觉。

(6)曲直的对比关系相辅相成。视觉传达过程中,曲直的对比在设计中占有较重的比例。以拟人化的F方式进行比喻,直线犹如刚劲、挺拔的男性形象,而富有柔和感及优美感的曲线则象征着女性曼妙的身姿。仔细观察后会发现,自然界中的万物皆由这两种形态构成,尤其当曲线或直线用以表示某种特定的对象时,大家在深入观察后会与形象产生共情,由此会对曲线和直线的对比留下深刻的印象。一般情况下,为了突出曲线的特性会通过直线来进行对比,而为了使直线的个性更加鲜明常以曲线作为陪衬。

（7）质感也会作为决定产品风格的主要因素。在产品设计中，质感常常作为提升外观体验度的一种造型手段，像粗糙、平滑、柔软、细腻、坚硬、生涩、透明、浑浊等皆是形容质感的词汇。质感不仅是触感的体验，更是一种非常重要的心理感受，并且这两者是融为一体不可分离的关系。其次，在产品外观形象的塑造中，不同的质感表现出不同的风格类型。采用质感对比进行塑造，通过物象激发视觉感官而引起的通感，可以起到强化信息内涵与外延的作用，同时还可以引起体验者的心理共鸣。以线条为例，根根分明的铁丝给人以理性和机械性的印象，而松散的毛线给人以亲和感。除了视觉感官带来的体验，触感带来的质感差异则更加明显。坚硬的铁丝给人以冰冷的感觉，仿佛带有拒人于千里之外的沉重感，而松软的毛线则给人留以柔暖的感受。这些体验均是以直观形态的质感所引起的一种通感，通过各种感官体验从而激发人们存储于记忆中的联想。

（8）位置对比可为画面的区域划分带来不同的位置感受。例如，水平分割将会产生由上到下的区域划分，而由左到右的位置变化是由垂直分割所产生的。除此之外，对角线和中轴线的分割方式产生了对角和对称的位置关系。位置对比是指在对立的位置上放置鲜明的造型要素，由此显示出对比关系，从而产生具有紧凑感的画面。如果想要在画面中强调两者的位置关系并产生对比时，则要在画面两侧安排构成要素，例如：在画面的上下、左右、标志、标题等想要强调的地方安排构成要素，以画面的紧凑感来体现出其内在的呼应与对比关系。

（9）对称是一种常见的构图方法。最常用的对称方法就是在画面的正中央绘制一条笔直的中心线，图形由此被分为对等的两部分。如果画面中被分割的两部分产生的图形形态相同，则被称为对称图形。横线所分割的对等图形为上下对称；垂直线所分割的对等图形为左右对称。此外，在客观世界中常见的具有对称元素的形态包括生物体、古代庙宇和宫殿以及古代的城市规划建设等。并且，在视觉设计过程中，具有中轴或基点的图形元素均有对称点、对称线以及对称面，基于此，通过设计操作将原始图案反复配列后，例如通过移动、扩大、回转等方式，即可构成多种对称形态。

8.3　设计方案实践

8.3.1　材料、结构的确定

牛皮纸的颜色呈棕黄色，而半漂或全漂的牛皮纸浆呈淡褐色、奶油色或白色。设计采用硫酸盐、针叶木浆为原料。打浆后，在长网造纸机上抄造而成。定量范围为 80 g/m² 至 120 g/m²。形状多为卷筒纸,不过也有平板纸等其他样式。其分类包括单光、双光、条纹、无纹等。针对牛皮纸的主要质量要求是柔韧结实,耐破度高,能承受较大拉力以及具有在较大压力下不破裂的特性。显然,牛皮纸具有很高的拉力,其坚韧耐水的特性使其用途广泛,常用于制作纸袋、信封、作业本、唱片套、卷宗袋和印刷机滚筒、包衬等。此外,牛皮纸的结构搭建具有不同的方式,下面将对此进行相关的介绍。

（1）卷曲：卷曲指将纸张进行弯折,使其形成许多短的弯头或转折。卷曲折纸案例如图 8-6 所示。

图 8-6　卷曲折纸案例（引用 pexels）

（2）层叠：层叠就是将纸张多层的叠置在一起。而这些多层纸通过层合线来达到层合效果,使纸张各层互相结合,避免在使用的过程中出现分层的现象。而在有条件的基础上,还可通过技术来实现纸张层叠造型,其造型方法是指将薄形材料选择性切割,这又被称为分层实体制造、纸层叠法等。层叠折纸案例如图 8-7 所示。

图 8-7　层叠折纸案例（引用 SSYER）

（3）悬垂：纸张的悬垂效果是利用纸张因自重而下垂的性能所进行的艺术设

计。它是纸张视觉形态风格和美学舒适性的重要内容之一。悬垂性反映了纸张的悬垂程度和悬垂形态,是决定纸张视觉美感的重要因素之一,悬垂性能良好的纸张,能够形成光滑流畅的曲面造型,给人以视觉上的享受。悬垂折纸案例如图 8-8 所示。

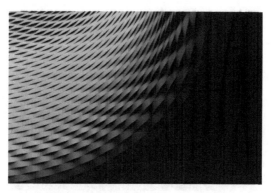

图 8-8　悬垂折纸案例(引用 pexels)

(4) 拼接:拼接是指与其他纸张进行组装,从而形成新的折纸造型。拼接折纸案例如图 8-9 所示。

(5) 立体造型:一张平面的纸张通过折、曲、切、编等加工方法,使其从平面走向立体,即二维走向三维,从而塑造出立体的造型结构形态。立体造型折纸案例如图 8-10 所示。

图 8-9　拼接折纸案例(引用 SSYER)　　图 8-10　立体造型折纸案例(引用 pexels)

(6) 插接:插接是指通过观察、分析和插接等途径研究纸张的拼接方法,以此

设计思维 基础

表达自己的设计意图。在学习过基本的纸片插接技巧后,可以利用纸张的特性,设计出不同的基本形式,从而进行纸片的插接,制作出具有创意的造型作品。通过利用创意与纸张和手工的制作能力,可以领会到美术设计与生活的密切关系。插接造型折纸案例如图 8-11 所示。

图 8-11　插接造型折纸案例(引用 SSYER)

（7）单元重复:基本纸张造型元素确定后,将形象相似的基本形或是超基本形进行有规律的排列,这些基本形或超基本形之间具有一定的联系性。而单元重复则侧重用局部塑造整体,形成较强的视觉冲击力。单元重复折纸案例如图 8-12 所示。

图 8-12　单元重复折纸案例(引用 Unsplash)

8.3.2　软件辅助设计推敲

常见的建模方法以犀牛 Rhinoceros5、3DMAX、C4D、solidworks、proe 等主流软件为主。在此次产品设计体验过程中,将犀牛 Rhino 作为建模软件,因为犀牛 Rhino 可以集创建、编辑、分析、提供渲染动画与转换 NURBS 线条、曲面、实体和多边形网格于一身。在创建过程中不受精度、复杂、阶数或是尺寸的限制,操作方便易于初学者,而 solidworks 与 proe 更适用于创建工程图模型,其零件细节的精度处理为工厂打样提供了完备的模板。灯具模型三视图如图 8-13 所示。

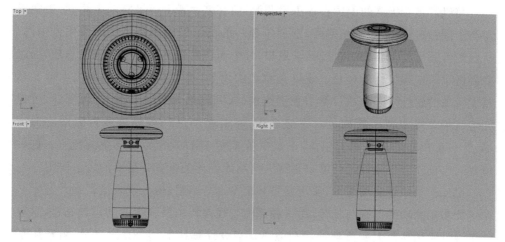

图 8-13　灯具模型三视图(引用 ROOME 智能灯)

灯具的音箱外观细节呈现如图 8-14 所示。

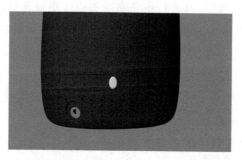

图 8-14　灯具的音箱外观细节呈现(引用 ROOME 智能灯)

8.4　设计方案表达

8.4.1　形态的考量

1. 设计意境

设计作为艺术领域中的一个重要门类,与艺术同属于经济基础所决定的上层

设计思维 基础

建筑,其社会属性要求设计在满足用户物质需求的同时,也要像艺术品一样给人以精神享受。作为实用艺术的设计,自然有其审美属性,而审美的意境是超功利的,因为它高于物质基础的精神产物,是人类更高层次的追求。

"意境"具有极深的中国古代思想渊源,而著名学者王国维将西方哲学、美学思想与中国古典哲学、美学相融合,形成了独特的美学思想体系。王国维化合中西,从西学背景出发理解中国古代美学思想,以中西学术为桥梁阐述了意境思想,为意境说做了一次现代性的转化。意境是意象的境界,是奠定在意象基础之上但又超越于意象的感性形态。通过学习王国维的《人间词话》《宋元戏曲考》等著述,可得知他认为:"境非独谓景物也。喜怒哀乐,亦人心中之一境界……否则谓之无境界。"[40]境中既有物象,更有主体,正是在强调情与景的交融,物与我的统一。这种境界对于创作者根据设计角度来理解人与物的设计关系有着重要的启示作用。

设计作为一种实用艺术,实用性是其出发点与归宿,这也就规定着设计艺术必须遵循实用的功利原则与规律,而这种原则与规律集中反映了人的理性精神,这就要求设计必须达到人所要求的功利境界。当设计被挂上"艺术"之名后,就产生了审美意境的超功利存在形式,具有创意的设计不只具有简单的形式美,其中还包括了设计物自身的结构美、功能美和材料美,而这些"美"反映了其自身的艺术性特征,为人们进入设计意境后,再进行审美享受提供了更加便捷的途径。

总而言之,设计意境所追求的不仅是一种永恒的、自由的精神境界,更是精神与形式的统一,情与景、意与象的交融;若想要达到这种设计境界,设计者就必须具有丰富的文化底蕴、深厚的文化修养以及灵感乍现的撞击等。虽然设计的意境往往带有"可遇不可求"的神秘感,但从美学的本质上说,设计意境其实就是一种美的创造[41]。

2. 态势:形态与光影

形态是工业产品设计中的一种重要因素,是产品外观与功能的中介。如果产品不具备形态,则其功能就无法实现。此外,产品的构成包括功能、结构、人因、形态、工艺、色彩及环境要素等,所有这些要素是一个相辅相成的统一整体。形态确认的3个考量如图8-15所示。

首先,产品形态包括几何形造型。由于几何形体具有单纯、统一等美感要素,因而在设计中常被用于产品形态的原型,但未经改变或设计的几何形态往往显得过于单调或生硬,因此,在几何形体的造型过程中,设计师需要根据产品的具体要求,对一些原始的几何形态作进一步的变化和改进,如对原型的切割、组合、变异、综合等,以获取新的立体几何形态。这一新的立体几何形态就是产品形态的雏形。在这一形态的基础上,设计师通过对形态的深化和细节设计,能最终获得较为理想的产品立体形态。

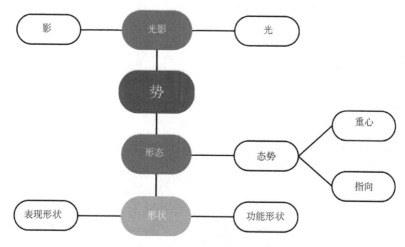

图 8-15　形态确认的 3 个考量

其次，产品形态还包括仿生、模拟造型。大自然是人类创新的源泉，人类最早的一些造物活动都是以自然界的生物体为蓝本。通过对某种生物结构和形态的模仿，以此创造新的物质形式。然而，仿生与模拟造型设计绝不是自然生物体的简单模仿。相反，仿生设计是在深刻理解自然物的基础上，在美学原理和造型原则作用下的一种具有高度创造性的思维活动，在运用仿生与模拟的造型方法进行形态创意时，必须根据所要设计的产品内容展开构思，如果忽视了产品的基本使用要求、用户特征以及材料、生产技术等成型因素，有可能设计出来的形态仅仅是停留在图纸上，而不能成为现实。

光影作为表现物象形体的另一重要因素，可以通过光与影的对比关系突出物象的视觉中心。光影在现代设计中占据越来越重要的地位，是设计元素中不可或缺的视觉形态。在设计中，影子通过光照进行艺术性加工，可呈现多姿多彩的视觉效果，这让影子逐渐脱离开人类附属品的角色定位，在艺术创作中逐渐形成为一种独立的语言。通过设计包装使其具有深刻的寓意，让人产生内心深处的触动。此外，各种实践也为光影艺术披上了独特魅力与个性的外衣。

光影作为一种视觉要素出现在产品创意设计中，无论在形态还是象征意义上都有很大的发展空间。在忙碌的现代社会中，产品设计如何才能通过光影设计，为其增添一些趣味并体现其精神内涵，传达出符合时代发展、人文精神的视觉效果和心理反应，这取决于在产品设计中如何利用光影。在情感体现上，光与影本身就是精神文化的体现，在传统观念中，光是正面的代言，而影常被理解为负面。因此在此次设计中，设计者希望利用光影的视觉效果为体验者带来不同的心理效应。成功的光影体现在创造视觉享受的同时,还会强调光影所激发出的一种情感回应,从而使之成为用户体验的核心部分,引领体验者的视觉方向以及精神感受。用影子所呈现的视觉语言自身就带有现实意义和价值,可强化产品设计中具有内涵意义的信息的传达,提升设计语言的感染力,扩展产品视觉形象的多样性和生动性。

3. 实现:纸、骨架、硬件

实现形态确认的3个考量如图8-16所示。

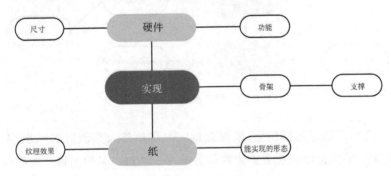

图8-16 实现形态确认的3个考量

灯具产品原型如图8-17所示。

图8-17 灯具产品原型(引用ROOME智能灯)
注:左图为红外线传感器按钮标注,音响设备细节展示。右图为手势感应器标识。

产品参数表是该产品提供给市场时,被人们使用和消费或是满足人们某种需求时所需要标明的物质某种特征值,如表8-2所示。产品参数表一般标明产品的性能参数、技术参数、规格参数等方面的表格,比较全面地反映产品的特性、功能、规格等。产品参数让用户了解更多的产品信息,提高了产品的用户体验度。

表 8-2 灯具的各硬件参数（引用 ROOME 参数）

产品参数	
光源类型：无频闪光源 最大光通量：800 lm 色温：5 200 K 使用寿命：>20 000 小时	处理器：ARM 内核 32 位处理器（运行实时控制算法及机器学习算法）
传感器：人体释热、人体微波、环境光、环境音、震动、手势识别	操作模式：近距离手势感应、敲击
电源输入：电压为 100～240 V，功率为 50/60 Hz，外接适配器	蓝牙音箱：蓝牙版本：BT2.1 有效距离：10 m 输出功率：3 W(RMS) 信噪比：>80 dBA 频响范围：200～13 000 Hz 喇叭阻抗：4Q 频段范围：2.402 GHz～2.480 GHz 支持蓝牙协议：A2DP、HFP、AVRCP
USB 充电 充电输出：共 5 V/1 A 充电电流输出 接口个数：2 个	

8.4.2 自我推销：设计表达

在自我推销环节中共有三种方式进行设计表达，第一种为展板方式进行展示，主要用于毕业作品展示、产品推荐。在公益活动中展板的内容设计可引导观者深入思考。第二种则以作品集方式进行展示，其主要用于国外院校申请、考研申请及工作申请中。第三种是在网站发表作品。目前，主要发表作品的网站有：站酷、Behance、Pinterest、Dribbble、Koreawebdesign、Designspiration 等。

在此，主要介绍一下展板的排版方式，共分为以下四个原则。

（1）思想性与统一性：排版设计只是一种传播信息的手段，以用户更加快速、准确地了解产品信息为目的。因此，一个成功的排版在设计时必须以用户浏览习惯为中心，并深入观察、了解、研究有关产品的详细信息，为版面内容设计积累素材。版面的设计要突出所宣传内容的主题思想，做到设计风格与主题相统一，一个鲜明突出的主题可加强读者的注意力与理解力，有利于产品信息的推广。

（2）艺术性与装饰性：排版设计服务于版面内容，具有装饰性的版面设计在视觉传达中会为用户带来审美享受，增强观者的审美情趣。版面的构图布局与表现形式是对设计者艺术修养的考验。在充满新意、形式美、思想性与艺术性的排版布局中，设计风格力求变化和统一。不同的装饰形式用于美化不同类型的版面信息。

画面由点、线、面等基础元素进行组合与排列,在版面上形成具有装饰因素的文字、图形、色彩,并采用比喻、象征、夸张等手法突出视觉效果,在美化版面的同时又增强了信息传达的功能。

(3)趣味性与独创性:排版设计中的趣味性主要是指一种活泼、生动的版面设计视觉语言。但是版面的趣味性安排需与内容相结合,在版式设计上可采用幽默、抒情及具有寓意效果的故事情节,用吸睛、动情的排版方式为其信息传播起到画龙点睛的作用,这就需要创作者将艺术手段与文学修养相结合。除了排版的趣味性外,创作者的个人设计风格也是赢得体验者青睐的重要因素之一。创作风格的个性化特征实质上是独创性原则的体现。排版设计的创意灵魂取决于设计者的鲜明个性。别出心裁、独树一帜的排版设计有利于吸引体验者的关注,并为引导其深入阅读起到潜移默化的影响。

(4)整体性与协调性:为了使版面呈现出更好的视觉效果,因此需要通过版面中图文之间的相互协调编排与组合来实现,让版面具有秩序美、理性美,从而强化版面中各种要素之间的结构以及色彩上的关联性,这就是版面的协调性原则。整体性的排版原则要求设计者必须有统筹全局的大局观。排版设计是连接产品设计者与体验者之间的传声筒,是便于信息传播的桥梁,它所追求的形式美必须与主题所宣传的思想内容相符合,这是版式设计的根本要求。任何艺术都需做到内容与形式相统一、主观性与客观性相统一,这也是版面成功的基本要素之一。此外,版面设计要做到在变化中求统一,形成艺术与技术、形式与内容的和谐共生,力求在版式的整体布局中完美呈现。

综上所述,版式设计是现代设计艺术的重要组成部分,也是通过视觉传达来传递信息的重要手段。版式设计的具体构图具有以下几种形式:

第一种是骨骼型。常见的骨骼式排版设计有竖向通栏、双栏、三栏和四栏等,其中以竖向分栏居多。这种合集方法体现了规范、理性的分割形式在图片和文字的编排上,给人以严谨以及和谐的美感体验。骨骼型排版图示如图8-18所示。

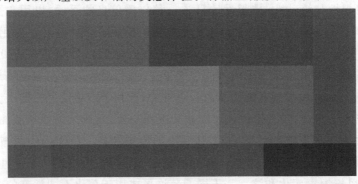

图8-18 骨骼型排版图示

第二种是满版型,此种版面设计常以图像充斥版面,且主体图像为信息要点,并配有文字压制其上、下、左、右或者中部以进行内容阐释。满版型布局带有直观而强烈的视觉传达效果,给人以大方、舒展的感觉。满版型排版图示如图8-19所示。

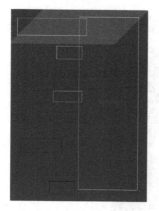

图8-19 满版型排版图示

第三种是上下分割型,指整幅版面被划分为上下两个区块,其中多以上半部为主体区块,用以传递主题的思想内容;而下部与上部进行总分结构呼应,并配以文字或图片以进行详细的阐释说明。此种划分结构给人以理性且静止、感性而有活力的视觉体验。上下分割型排版图示如图8-20所示。

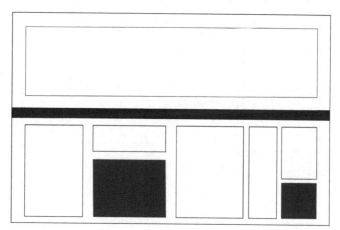

图8-20 上下分割型排版图示

第四种是左右分割型,即整幅版面被分割为左右两个部分,利用左右两部分的强弱对比突出图像中具有冲击力的视觉中心,并配以文字或图片进行左右穿插,可使不平衡的视觉心理效果达到自然和谐的状态。左右分割型排版图示如图8-21所示。

第五种是中轴型,即将图形作水平或垂直方向排列,并以文字配置在图像的上下或左右方向,用以突出主题并与图像色彩相呼应。垂直排列的版面给人以动感;水平排列的版面给人以稳定、安静、平和与含蓄之感。中轴型排版图示如图8-22所示。

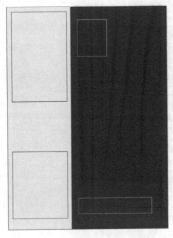
图8-21 左右分割型排版图示

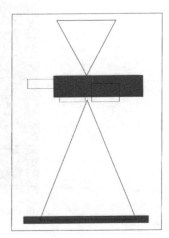
图8-22 中轴型排版图示

第六种是曲线型,即版面中将文字或图片排列成具有节奏与律动感的曲线,为观者带来静中有动的视觉效果。曲线型排版图示如图8-23所示。

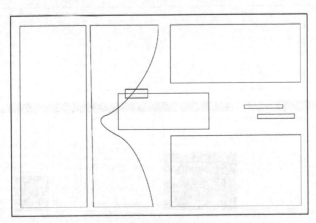
图8-23 曲线型排版图示

第七种是倾斜型,其版面主体形象或多幅图像作倾斜编排,造成版面强烈的动感和不稳定因素,以引起观者的注意。倾斜型排版图示如图8-24所示。

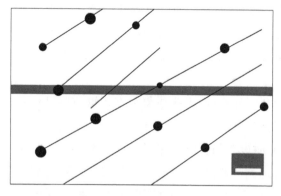

图 8-24 倾斜型排版图示

第八种是重心型,重心型排版主要分为三种类型,一种是中心重心型,即直接以独立且轮廓分明的形象占据版面中心。另一种是向心重心型,即视觉元素向版面中心聚拢并进行运动。最后是离心重心型,即犹如石子投入水中,产生的一圈圈向外扩散的弧线运动。重心型版式常用主体事物作为中心,以突出视觉焦点。重心型排版图示如图 8-25 所示。

图 8-25 重心型排版图示

8.4.3 设计反思:批判总结

在此次灯具设计中,学生们充分发挥学习的自主性,对灯具行业进行了深入的调查,调查结果显示发现,随着设计多元化的流行,灯具已不再作为单一的照明工具。灯具设计开发的过程,是一个将灯具的使用价值、文化价值和情感审美价值融为一体的艺术创造过程。这个过程就是设计思维所强调的人文要素的注入过程。为了符合用户需求,设计者加强 T 型素质:从用户的特征出发,兼顾产品成本以及科技的实现[42]。

  智能照明是指利用计算机、无线通信数据传输、扩频电力载波通信技术、计算机智能化信息处理及节能型电器控制等技术组成的分布式无线遥测、遥控、遥信控制系统,来实现对照明设备的智能化控制。与传统的单路控制照明设备相比,智能照明控制系统能实现一些单路、多路、开关、调光、场景、定时,感应等控制;具有灯光亮度的强弱调节、灯光软启动、定时控制、场景设置等功能;并达到安全、节能、舒适、高效的特点。虽然在此次灯具设计过程中已看到智能照明广阔的市场需求,但由于技术及硬件设施的局限性没有制造出理想的灯具产品,这便是设计者们在日后要多加学习并改进的盲点区域。

第 9 章　课堂实践训练课题

纸这种材料具备质轻、硬度小、可塑性强、易于获得以及具备一定的耐破度、耐折度、透光度等特性,在实际使用中呈现出更多超出本身"书写""传递信息"的功能。譬如利用纸耐折性较强等特征制作纸工艺品;在将新买的袋装大米或豆类装入空瓶时,可以使用纸通过简单的弯曲形成"漏斗"来辅助装入等。超轻黏土具备质轻、捏塑容易、不粘手以及使用时无杂尘产生等特性,是探索产品造型的绝佳帮手。接下来,将以纸和超轻黏土作为基础材料,进行形态、功能等多方面思维训练。最后,选择"自然界"作为灵感源泉,完成产品造型创意训练。

9.1　实践练习一:"纸"的承重设计

9.1.1　材料及要求

材料:普通 70 g A4 纸 2 张。
要求:
(1) 仅使用剪切、弯曲、折叠、插接的方式对纸张进行加工,不允许使用胶粘等其他方式连接固定;
(2) 完成跨度 21 cm 的"桥"结构;
(3) 在"桥"面中央能够持续 5 秒以上放置重量为 2 kg 的物品。

9.1.2　评分标准

从拿到材料后计时开始,限时 50 分钟内讨论完成,参与测试成功者获得分数。根据完成时长判定成绩,评分规则如下:

(1) 20 分钟内完成的获得 95 分;

(2) 30 分钟内完成的获得 85 分;

(3) 40 分钟内完成的获得 75 分;

(4) 50 分钟内完成的获得 65 分;

(5) 50 分钟内未完成的获得 60 分。

9.1.3 设计方案

学生设计方案请参见 9.6 节部分。

9.2 实践练习二:"纸"的盛取设计

9.2.1 材料及要求

材料:普通 70 g A4 纸 2 张。

要求:

(1) 仅使用剪切、弯曲、折叠、插接的方式对纸张进行加工,不允许使用胶粘等其他方式连接固定;

(2) 设计一件工具,能够从给定容器的底部一次性取出至少一塑料盖容积的盐;

(3) 盛取的过程中不能用手碰到容器。

9.2.2 评分标准

从拿到材料后计时开始,限时 50 分钟内讨论完成,参与测试成功者获得分数。根据完成时长判定成绩,评分规则如下:

(1) 10 分钟内完成的获得 95 分;

(2) 20 分钟内完成的获得 85 分;

(3) 30 分钟内完成的获得 75 分;

(4) 40 分钟内完成的获得 65 分;

(5) 40 分钟内未完成的获得 60 分。

9.2.3 设计方案

学生设计方案请参见 9.6 节部分。

9.3 实践练习三:"纸"的穿戴设计

学生运用统一规格的四张白卡纸和统一规格的乳白胶进行卡纸鞋的制作,要求制成的卡纸鞋具备一定的个人风格。制作完成后,穿卡纸鞋进行竞走接力赛,要求在比赛过程中卡纸鞋保持初始形态不破损。

9.3.1 材料及要求

材料:普通 230 g A4 白卡纸 4 张,乳白胶 1 瓶。
要求:
(1) 仅使用剪切、弯曲、折叠、插接的方式对纸张进行加工,仅允许使用提供的乳白胶粘接固定,不允许使用其他方式连接固定;
(2) 运用提供材料设计完成一双属于自己风格的鞋;
(3) 要求卡纸鞋的鞋底厚度在 1.5 cm 及以上;
(4) 卡纸鞋设计完成后,穿卡纸鞋步行 25 m,鞋子保持初始形态不损坏;
(5) 最后,以班级为单位班内选出四名同学穿自制卡纸鞋参加 4×25 m 竞走接力赛。

9.3.2 评分标准

每名同学的评分成绩由个人成绩和团队成绩构成,其中,个人成绩占 80%,团队成绩占 20%。

个人成绩的评定依据完成 25 m 步行所用时长排序,用时最短者至用时最长者按照用时长短划分区间,得分依次由 99 分向 70 分逐级递减(每级级差为 5 分)。行走后,若鞋子变形,则破损者成绩为 65 分。

在团队比赛的 4×25 m 竞走接力赛中,用时最短到最长的团队得分分别为 95 分、85 分、75 分、65 分。如有参赛队员的鞋子在接力赛过程中或结束完成时破损,则该团队成绩降为 60 分。

9.3.3 设计方案

学生设计方案请参见 9.6 节部分。卡纸鞋设计作业展示现场如图 9-1 所示。

图 9-1 卡纸鞋设计作业展示现场

9.4 实践训练四:"纸"的弹跳设计

9.4.1 材料及要求

材料:普通 70 g A4 纸 1 张。

要求:

(1) 仅使用剪切、弯曲、折叠、插接的方式对纸张进行加工,不允许使用胶粘等其他方式连接固定;

(2) 设计一件玩具,能够实现"弹跳"的功能。

9.4.2 评分标准

以弹跳器起跳线至落地终点的距离长短进行评分。

9.4.3 设计方案

学生设计方案请参见 9.6 节部分。

9.5 实践练习五:超轻黏土的门把手设计

9.5.1 材料及要求

材料:超轻黏土 1 袋 400 g。

要求:

(1) 使用塑形方式对门把手的形态进行探讨,设计带有一定风格的门把手,同时持握舒适;

(2) 设计的门把手应为顺时针向下旋转 45°即可打开的方式。

9.5.2 实践讨论

(1) 从采集手部形态来设计门把手造型角度,观察男生组和女生组所设计产出的门把手造型差异;

(2) 从设计风格角度,讨论不同风格门把手会带给人什么样的情感,在此阶段,尝试戴上红色帽子来表达情感。

9.5.3 实践作品

学生实践作品请参见 9.6 节部分。

9.6 实践练习六:从自然界中寻求灵感

实验名称:自然仿生设计实践(河马/橘子/海蛞蝓)。

实验目的:鼓励学生通过观察自然获得灵感,锻炼学生观察、解构、分析、提取的能力。引导学生解构观察对象,提取其特点并转化落实为设计需求,最后将设计需求以恰当的方式表达出来。在整个过程中启发学生的思维发散与联想能力。不局限于传统讲授式的教学方式,而是让学生在实践的过程中不知不觉地养成设计认知、遵循设计思维。

实验地点:北京邮电大学数字媒体与设计艺术学院某班级。

实验人员:在校学生。

设计材料：允许使用当下教室空间范围内任何可用的材料，教室中的材料如图 9-2 所示。

图 9-2　教室中的材料

设计要求：

（1）将全体学生分成若干组，每组指派一种特定动物；

（2）要求各组学生完成指派动物形象的设计与构建，同时要借助身体部位进行演示，结果要使观众对所制作完成的动物形象一目了然；

（3）在设计过程中允许学生使用教室范围内的任何材料，但空间只能限制在教室内；

（4）整个设计实践需在指定时间内完成；

（5）完成后，将设计实践的成果进行课堂展示。

实验内容：学生运用教室范围内的可用材料，指定动物形象的设计与制作，最后借用身体部位进行展示。要求在指定时间内对已知动物进行形象解构，准确提取其特征，并合理应用在场材料并借助身体部位对动物形象进行重建，尤其注意其特征的重现。结束后各组进行设计成果的展示与交流分享。学生的制作过程如图 9-3 所示。

图 9-3　学生的制作过程

实验步骤:将设计要求与实验内容公布,进行计时,观察学生们的设计制作过程。以河马为例,首先,观察河马的静态形象发现河马整体形象给人以严肃的特点。紧接着对严肃这一特点进行思维发散,专注的动作和呆住不动的神情是河马整体给人以严肃、不为所动这一形象的主要原因。静态下专注的动作让它看起来好似在思索,呆呆的表情更赋予河马淡定的神态。但实际上,河马的眼睛、耳朵、鼻孔都是处于可以活动的状态,这也是动态下河马显得没有那么"呆"的原因。因此,在最后进行动物形象重建时应恰当合理地利用材料,对根据观察提取出的严肃这一关键词,与通过发散得出的专注、思索、淡定、呆等系列关键词,进行重点描绘与突出展示,让观众理解所设计动物形象。河马形象图片如图 9-4 所示。

图 9-4 河马形象图片

设计评分标准:综合教师和组外其他学生的互评意见进行打分。

提交形式:各小组依次展示设计成果,并讲解观察解构、特征提取、设计实现的过程。实践结果示意图如图 9-5 所示。

图 9-5 实践结果示意图

自然仿生设计作业展示现场如图9-6所示。

图9-6 自然仿生设计作业展示现场

9.7 实践练习七:光影训练

实验名称:光影训练

实验目的:鼓励学生通过观察、结构事物,将其特征进行拆分,最终用可获取的资源将抽象的形象具象化。整个过程中训练学生的观察力、创造力、空间想象力、联想能力和手眼协调能力,以启发式教学培养学生的设计思维。

实验地点:北京邮电大学数字媒体与设计艺术学院某班级。

实验人员:在校学生。

设计材料:允许使用当下教室空间范围内任何可用的材料。

动物剪影样式如图9-7所示。

设计要求:

(1)将全体学生分成若干组,每组指派一种动物剪影形象;

(2)要求各组学生通过叠放、拼接、组合不同材料,完成指派动物剪影的构建,让呈现的剪影还原出目标形象,结果要能使观众对所制作完成的动物一目了然;

(3)在设计过程中允许学生使用教室范围内的任何材料,但空间只能限制在教室内;

图9-7 动物剪影样式

（4）整个设计实践需在指定时间内完成；

（5）完成后，将设计实践的成果进行课堂展示。

实验内容：学生需运用教室范围内的可用材料还原出指定的动物剪影。要求在指定时间内对已知动物剪影进行解构，准确提取其特征，并合理应用在场材料重构形象。结束后各组进行设计成果的展示与交流分享。

实验步骤：将设计要求与实验内容公布，进行计时，观察学生们的设计制作过程。以长颈鹿为例，首先，观察长颈鹿剪影发现其形象可以拆分为：头部、脖子、躯干、四肢、尾巴。其中，头部又包括主体、鹿角和耳朵。在选择材料进行动物特征表达的时候，不仅需要考虑形象是否还原，还应当根据特征所处的位置、承重等物理因素进行构建。例如，头部处于高处，近连接着细细的脖颈，因此无法通过手持进行构建，脖子需要选择能够支撑头部的硬质材料，而头部则需要选择轻而小的材料。最终在投影展示中，应当注意形象的完整性、动物特征的表达。

设计评分标准：综合教师和组外其他学生的互评意见进行打分。

提交形式：各小组依次展示设计成果，并讲解观察解构、特征提取、设计实现的过程。

光影训练作业展示现场如图 9-8 所示。

图 9-8　光影训练作业展示现场

9.8 实践作品展示

本章实践训练学生作品展示如图 9-9 所示。

图 9-9　牛皮纸灯具

参 考 文 献

[1] Matchett E. Control of thought in creative work[J]. Chartered Mechanical Engineer, 1968, 14(4): 163-166.

[2] Gregory S A. The Design Method. Springer Science, New York, 1966: 3.

[3] Jones, Christopher J. Design Methods: seeds of human futures, John Wiley & Sons Ltd., Chichester, 1970.

[4] 原研哉.设计中的设计[M].山东:山东人民出版社,2006.

[5] Thaler R H, Sunstein C R, Nudge: Improving decisions about health, wealth, and happiness, New York: Penguin Books, 2009.

[6] Kahneman D. Thinking, fast and slow, New York: Farrar, Straus and Giroux, 2011.

[7] Micheli P, Wilner S J S, Bhatti S H, et al. Doing design thinking: Conceptual review, synthesis, and research agenda[J]. Journal of Product Innovation Management, 2019, 36(2): 124-148.

[8] Popper K R. Objective Knowledge: An evolutionary approach. Oxford, Oxford University Press,1979: 119.

[9] Eames. What is an Eames Chair? [OB/GL]. https://eames.com/en/articles/eameschair. 2022-12-28.

[10] Kotler S. The art of impossible: a peak performance primer[M]. HarperCollins, 2021:115-120.

[11] Taylor I A, Gantz B S. A Transactional Approach to Creativity and Its Implications for Education[A]. Value Dilemmas in the Assessment and Development of Creative Leaders[C]. Boston: American Association for the Advancement of Science Meeting, 1969:6-8.

[12] 朱文涛.通往设计的价值理性之路——以市民社会结构为视角考察中国设计价值变迁与危机的根因[J].南京艺术学院学报(美术与设计版),2013,(3):94-101.

[13] 唐纳德·A·诺曼.设计心理学(二)[M].梅琼,译注.北京:中信出版社,2011:116-122.

[14] 乔纳森·卡根.创造突破性产品[M].辛向阳,王晰,潘龙,译注.北京:机械工业出版社,2018.

[15] 贝拉·马丁.通用设计方法[M].初晓华,译注.北京:中央编译出版社,2013.

[16] Hanington B, Martin B. Universal methods of design expanded and revised: 125 Ways to research complex problems, develop innovative ideas, and design effective solutions[M]. Rockport publishers, 2019.

[17] Gould J D, Lewis C. Designing for usability: key principles and what designers think[J]. Communications of the ACM, 1985, 28(3): 300-311.

[18] Jacobsen N E, Hertzum M, John B E. The evaluator effect in usability tests[C]//CHI 98 conference summary on Human factors in computing systems. 1998: 255-256.

[19] 胡国堂,许超凤.谈产品创新设计对产业结构升级的作用[J].商业时代,2009,456(17):89-90.

[20] 许衍凤,杜恒波.日本广告教育对我国广告教育的启示[J].艺术生活,2007(4):51-52.

[21] 杨明.浅谈城市规划管理对城市规划设计的影响[J].科技与企业,2012(18):63-63.

[22] 杨尧.浅谈技术美中的技术、功能、形式因素[J].科技信息,2008(2):184-189.

[23] 王波,熊昊.基于固态照明技术的汽车灯具形态发展分析[J].汽车工程学报,2016,6(1):1-9.

[24] 颜陶.机械产品造型设计的历史与展望[J].机械研究与应用,2006,19(4):30-31.

[25] 杨明,张涛,易俊.突破性产品是造型、技术和价值的有机结合[J].装备制造技术,2012(9):148-151.

[26] 卢杰.走向未来的建筑陶瓷"时装化"设计[J].中国陶瓷,2007,43(4):68-69.

[27] 徐平,章勇,蒋德军.运用群体文化学理论寻找产品机会缺口[J].湖南工程学院学报:社会科学版,2006,16(1):85-87.

参考文献

[28] 欧阳晋焱,周爱民.论工业设计与"以人为本"[J].装饰:2006(8):18.

[29] 孙志学.产品创新设计理论及其应用[J].陕西理工学院学报:自然科学版,2006,22(4):5-7.

[30] 张家祺,涛德,王晓艳.名爵概念电动赛车外观造型设计[J].包装工程:2018,39(6):299

[31] 扬·库巴谢维奇.交互与体验——交互设计国际会议纪要[J].装饰:2010(1):13-15.

[32] 容芷君.基于群体决策的协同设计过程研究[D].武汉:华中科技大学,2007.

[33] 张兴学,张朋柱.研讨群体创新及其绩效的研究评述与展望[J].系统管理学报,2009,18(1):89-95+99.

[34] 姜浩,刘继红,敬石开.团队协同设计理性模型[J].计算机辅助设计与图形学学报,2014,26(10):1869-1878.

[35] 孙虎鸣.探寻产品设计草图的特征与表现方法[J].工业设计,2017(3):134-135.

[36] 胡斌,林宗楷,郭玉钗,等.计算机支持的协同设计工作模式的研究[J].计算机辅助设计与图形学学报,1998(4):62-67.

[37] 马先林,林宗楷,郭玉钗.异步协同的实现方法及应用[J].小型微型计算机系统,1997(9):16-19.

[38] 王昀.工业设计产学研协同创新生态圈的构建[J].包装工程,2017,(24):10-17.

[39] 李和森.浅论产品设计的人文因素[J].大众文艺(理论),2009,(3):60.

[40] 王国维.人间词话[M].南京:江苏文艺出版社,2021.

[41] 孙湘明,杜进.设计意境的美学探究[J].株洲:湖南工业大学学报(社会科学版),2008,13(6):75-77.

[42] 王可越,程琳琳,姜浩.设计思维创新导引[M].北京:清华大学出版社,2017.